EDITORA DO CONHECIMENTO

Auxiliando a humanidade a encontrar a Verdade

Série
Magnetismo a Força da Vida

Esboço da Natureza Humana

Esquisse de la Nature Humaine

Casimir Chardel

CONHECIMENTO EDITORIAL LTDA.
Fone: 19 34515440
www.edconhecimento.com.br
vendas@edconhecimento.com.br

Tradução: **Gabriel Pereira Kaizer Júnior**
Projeto Gráfico: **Sérgio Carvalho**
Ilustração da capa: **Banco de imagens**
Colaboraram nesta edição:
Fernando Jorge Passos Lebre
Mariléa de Castro
Madalena Parisi Duarte

ISBN 978-65-5727-122-3
1ª edição – 2021

• Impresso no Brasil • *Presita en Brazilo*

Produzido no departamento gráfico da
CONHECIMENTO EDITORIAL LTDA
grafica@edconhecimento.com.br

Impresso na
Primeira Leitura
a gráfica digital da **EDITORA DO CONHECIMENTO**

Dados Internacionais de Catalogação na Publicação (CIP)
(Angélica Ilacqua CRB-8/7057)

Chardel, Casimir
Esboço da Natureza Humana / Casimir Chardel ; tradução de Gabriel Pereira Kaizer Júnior — 1ª ed. — Limeira, SP : Editora do Conhecimento, 2021.
146 p. (Coleção Magnetismo a Força da Vida)

ISBN 978-65-5727-122-3
Título original: *Esquisse de la Nature Humaine*

1. Magnetismo animal 2. Psicologia I. Título II. Kaizer Júnior, Gabriel Pereira

21-5460 CDD – 615.8454

Índice para catálogo sistemático:
1. Magnetismo animal

Esboço da Natureza Humana

Livros da série
Magnetismo a Força da Vida

• A Arte de Magnetizar
Charles Lafontaine

• Tratado Completo de Magnetismo Animal
- Em doze lições
Barão du Potet Sennevoy

• O Magnetismo em Oposição à Medicina
Barão du Potet Sennevoy

• A Causa do Sono Lúcido
Abade Faria

• Memórias e Aforismos
Franz Anton Mesmer

• Cartas Ódico-magnéticas
Barão de Reichenbach

• Os Eflúvios Ódicos
Barão de Reichenbach

• Tratado de Sonambulismo
Alexandre-Jacques-François Bertrand

• Ensaio de Psicologia Fisiológica
Casimir Chardel

• Esboço da Natureza Humana
Casimir Chardel

• Curso Completo de Magnetismo Animal
- Em doze lições
François Millet

Casimir Chardel

Esboço da Natureza Humana

Traduzido por
Gabriel Pereira Kaizer Júnior

1ª edição
2022

EDITORA DO CONHECIMENTO

ESQUISSE

DE LA

NATURE HUMAINE

EXPLIQUÉE

PAR LE MAGNÉTISME ANIMAL;

PRÉCÉDÉE D'UN APERÇU DU SYSTÈME GÉNÉRAL DE L'UNIVERS, ET CONTENANT L'EXPLICATION DU SOMNAMBULISME MAGNÉTIQUE, ET DE TOUS LES PHÉNOMÈNES DU MAGNÉTISME ANIMAL.

Les lois de la nature sont la volonté de
Dieu manifestée par l'ordre de la création.

A PARIS,

AU BUREAU DE L'ENCYCLOPÉDIE PORTATIVE,
Rue du Jardinet-Saint-André-des-Arts, n° 8;
Et chez DENTU, libraire, Palais-Royal, galeries de bois, n° 265;
DELAUNAY, mêmes galeries, n° 243.

1826.

ESBOÇO DA NATUREZA HUMANA

Explicado pelo magnetismo animal

Precedido por uma ideia do sistema geral do universo, contendo a explicação do sonambulismo magnético e de todos os fenômenos do magnetismo animal.

As leis da natureza são a vontade de Deus manifestas pela ordem da criação.

PARIS

Escritório da Enciclopédia Portátil,
à Rua Jardinet Saint André des Arts, n. 8;
Livraria Dentu, no Palais Royal,
Galerias de Madeira n. 265; Livraria Delaunay,
Galerias de Madeira, n. 243.

1826

Sumário

res, mas pela cessação de sua expansão.

Ao queimar uma árvore, não se faz nada além de liberar os raios solares que sua força vegetativa combinou com ela. Acender uma lâmpada é formar um sol artificial, dando aos raios contidos no óleo um novo ponto de partida.

Chamamos de calor a agitação que o movimento produz na matéria ao se engajar nela.

Para separar os raios solares do calor que eles produzem, basta isolá-los das emanações terrestres.

Da formação do movimento da Terra. O fluido elétrico é uma mistura em que o movimento predomina.

Se a Terra mantivesse todo o movimento que lhe acontece, logo dissolveria a matéria, mas a recebe principalmente entre os trópicos e se livra dela pelos polos.

A atração não pertence à inércia da matéria. É devido à afinidade do movimento com ele. Essa afinidade adquire uma ação material nos corpos, e cresce uma razão composta de sua massa e de sua distância.

A vida é a parte elementar do movimento que o organismo de cada ser individualiza ao se apoderar dela.

A vida dá aos corpos que a recebem excitabilidade e irritabilidade.

Sentir e pensar são as faculdades da alma. O trabalho da imaginação pode separar sua sensibilidade do tempo e das circunstâncias em que o corpo está colocado. A vontade, ao dispor do jogo da fisionomia, pode também separar a expressão dos traços dos movimentos da alma.

Sem vida, a terra teria permanecido estranha para nós, porque nada do que ela contém pode causar uma impressão em um ser espiritual. O movimento é uma criação intermediária entre a alma e a matéria.

Do homem na terra, visto como um todo.

Da alma humana.

A sensibilidade da alma se divide em sensibilidade sensorial e sensibilidade moral. Um é estimado pela ação do corpo sobre a alma, o outro pela ação da alma sobre o corpo.

A sensibilidade sensorial é inalterável; a sensibilidade moral, ao contrário, é modificada pela força da vontade, e é por ela que somos livres para nos tornarmos bons ou maus.

Da formação da vontade. - Devemos à nossa sensibilidade moral o conhecimento do bem e do mal, do justo e do injusto.

Da estrutura do corpo humano e de seus movimentos.

Da formação da vida do corpo humano e de sua nutrição.

Da modificação vital animal-vegetal e seus usos.

Do fluido nervoso e seus usos.

Da vida espiritualizada e seus usos.

Necessidade das três modificações da vida humana e como elas se comunicam e se relacionam. Considerações gerais sobre suas várias propriedades.

Da maneira como a alma usa suas faculdades nos órgãos do corpo.

Do plexos solar e cardíaco e a necessidade de projetar adequadamente suas funções.

De memória e imaginação.

A memória é uma reação da inteligência à sensibilidade.

Só podemos reagir à nossa sensibilidade por meio da sensibilidade do cérebro.

Se o modo de sensibilidade muda por decréscimo, o trabalho de memória torna-se impossível.

Do sono e dos sonhos.

Da invasão do sono nos órgãos: começa nas extremidades. Os músculos flexionam à medida que a vida espiritualizada se retira.

Nos sonhos, a alma recebe, como uma obra estrangeira, as impressões que ela mesma traça na sensibilidade do cérebro.

Causa da inconsistência das sensações que dão origem aos sonhos.

De imbecilidade e loucura.

A imbecilidade tem sua causa na incapacidade do cérebro. A loucura se manifesta quando nossas sensações deixam de estar relacionadas com a existência das coisas.

Considerações gerais sobre o magnetismo humano.

Magnetismo negativo. Sua explicação.

A magnetização é um ato da vontade, não uma simples determinação.

Sentimentos religiosos são úteis para magnetizar. Erros aos quais eles podem dar origem. Considerações gerais so-

Advertência

Entre as novas obras oferecidas diariamente ao público, dificilmente há alguma que não contenha numerosos testemunhos de erudição. Antes de escrever, um autor é auxiliado pela ciência e pelas tradições e, graças a este auxílio, o assunto mais simples ficará mais rico na escrita, com uma série de citações curiosas e conexões interessantes. "Leia-me", o autor parece dizer. "Eu fiz uma pesquisa para você. Você será capaz de ler muito." Também espero ensinar algo ao leitor. Entretanto, li muito pouco, mas observei muito, e as circunstâncias que a prática do magnetismo animal criou ao meu redor me deram os meios para refletir sobre todos os fenômenos da natureza. As experiências, de certa forma, vieram ao meu encontro, pois elas ocorreram sem que eu nunca as tivesse procurado. Eu apenas mostrei a elas meu espírito curioso e de observação. As ciências não podiam me guiar, seja porque eu não possuía domínio suficiente para utilizá-las, seja porque os fenômenos que estudava, de fato, ultrapassavam seus limites. Vi muitos fatos extraordinários. Pareciam-me, depois de longas reflexões, intimamente ligados aos princípios da física e, por razões que considero simples e conclusivas, deduzi o sistema que apresento hoje. Espero que, algum dia, os cientistas aprendam a pensar sobre isso; entretanto, pareceu-me útil publicar o que acredito ser a verdade.

É incomum, e talvez imprudente, abandonar o conhecimento adquirido para reiniciar o estudo da natureza, mas esse caminho me pareceu o único adequado para investigar a causa dos fenômenos que até agora permanecem sem explicação[1].

Podemos nos surpreender de que um homem, privado de instrução profunda, tenha ousado, apenas pela obser-

[1] Não estou afirmando que outros nunca escreveram o que publico hoje, mas declaro que eles não me instruíram, porque não os li.

vação, investigar a descoberta do mecanismo do universo, como um todo, e do homem, em particular. Devo admitir que eu poderia sucumbir diante da simples ideia de carregar tal fardo, mas me vi atraído por ela, quase sem perceber. Eu havia coletado uma infinidade de informações sem entender bem suas relações. Ao comparar umas com as outras, vi que elas foram classificadas em um sistema que a experiência ampliou e confirmou.

Fiz todos os esforços para deixar claras as minhas ideias, mas não garanto não ter deixado nenhuma dúvida. É necessário esquecer e aprender para aceitar as novas ideias que contradizem algumas opiniões. Uma leitura superficial certamente seria insuficiente, e é preciso prestar uma atenção constante. As obras nas quais a ciência se sustenta têm uma grande vantagem a esse respeito, pois o leitor encontra naquilo que conhece a base do que precisa aprender.

Para diminuir a extensão do meu livro, evitei explicações que muitas pessoas consideram necessárias. Meu objetivo foi apenas apresentar um esboço que possa reunir em um quadro compacto ideias fáceis de entender e adequadas a uma mente perspicaz. Aponto para um novo caminho e guio a observação e o estudo. Temi que muitos detalhes pudessem desanimar o leitor, e que ele, de antemão, rejeitasse uma obra que me custou tanto esforço.

Além disso, o magnetismo animal ainda é muito desprezado pelos cientistas para esperar que eles o tornem um objeto de estudo e, infelizmente, as pessoas que têm o mesmo pensamento não entendem o seu lado bom. Não pretendo escapar de ironias desses cientistas, nem justificar completamente a credulidade de certos magnetizadores, mas, quando os fenômenos são constantes[2], as melhores ironias não explicam a causa. Depois de dar uma boa risada, você deve sempre acabar estudando a sério.

Talvez eu seja culpado por assumir um tom muito afirmativo neste trabalho. Admito, a respeito disso, que falar através de suposições me constrange, e que escolhi o caminho que me pareceu mais adequado para transmitir com fidelidade o meu pensamento. Advirto ainda ao leitor que consulte sua própria experiência, e que apenas lhe pretendo garantir a minha convicção pessoal e a veracidade dos fatos.

---

[2] As experiências no Hôtel-Dieu não devem deixar dúvidas sobre a existência do sonambulismo magnético. Resta dar a conhecer a extensão dos fenômenos que produz e a explicação de sua causa. Você pode ver, a esse respeito, no meu livro o que eu penso sobre isso.

Primeira Parte

Estudo crítico de várias teorias geralmente adotadas pela física.

Hoje os livros são feitos a partir de outros livros. Nossas bibliotecas são gigantescos depósitos onde as gerações anteriores guardam o resultado de suas observações. Normalmente é aqui que o estudo da natureza começa, e é aqui que os frutos de longos trabalhos e esforços se complementam.

Após um período de estudo e reflexão, nos tornamos ricos em conhecimento graças às descobertas dos outros. Mas, acostumados a seguir os passos daqueles que vieram antes de nós, aprendemos tal qual nos ensinaram. Se o método for defeituoso, e se suas teorias contiverem erros, também cometeremos essas falhas.

Dizem que os conhecimentos se complementam, e que, ao encontrar-se, mostram a verdade. Não acho que seja impossível, mas o momento desse encontro ainda é incerto, e quem pode garantir que algum dia vai acontecer? Enquanto isso, parece-me sensato examinar os fatos antes de declará-los impossíveis, pois se a causa de um fenômeno observado for ignorada, certamente é culpa da ciência. Senti sua insuficiência ao me entregar ao estudo do magnetismo animal, portanto, em vez de tomá-la como guia, tentei estudar a natureza da nova maneira que ela se mostrou a mim[3].

Tudo ainda estava por fazer. As teorias que encontrei nos livros pareciam-me antes levar à direção do erro do que a instruir, e as reuniões dos magnetizadores, cheias de relatos das maravilhas que eles fizeram, chamavam a atenção, mas não eram esclarecedoras. Senti que precisava estudar por conta própria, afastar o entusiasmo e a descrença e, sem descartar as observações dos outros, basear-me nas minhas próprias para tirar as primeiras conclusões.

Segui esse caminho por anos, e já tinha observado vá-

[3] Declaro aqui que nunca magnetizei para fazer experimentos, o que não me impediu de refletir sobre os fenômenos que se mostravam às minhas observações, primeiro procurando voltar à sua causa, depois descendo da causa para o efeito.

rias verdades, quando, um dia, pensando nos resultados das minhas observações, percebi a unidade de sua causa. Foi como um raio de luz que uma série de memórias estourou à minha volta. Parecia-me que a natureza se revelava; admirei também a simplicidade dos princípios e as possibilidades das consequências. Do lugar onde eu estava, vi o elemento da vida, operado pelo mecanismo dos organismos, individualizar-se para cada ser e formar, no homem, a admirável união da inteligência com a matéria.

Saí da meditação com uma espécie de clarão, como acontece quando, de um lugar alto, o olho acaba de mergulhar nas profundezas dos abismos.

Para reconhecer a verdade, eu precisava de um estudo mais cuidadoso e de novas experiências. Eu havia rastreado, em meus primeiros trabalhos, partindo dos compostos até chegar aos elementais. Depois tentei fazer o caminho inverso dos elementais aos compostos. O resultado foi um sistema de física que apresentarei em breve, mas devo lidar primeiro com as teorias adotadas hoje.

Dizem que a expansão vista em um sentido absoluto, nos apresenta a imagem do infinito. Em um sentido relativo, a extensão dos corpos, por exemplo, é determinada pela maior ou menor quantidade de espaço que ocupam. A maneira de ocupar o espaço é a mesma para todas as substâncias, ou varia de acordo com a sua natureza? O espaço pode estar preenchido em relação a uma e vazio em relação a outra? Esta é uma pergunta que faço às reflexões dos físicos. Vou falar um pouco sobre isso mais tarde[4].

Os corpos mais compostos são os mais fáceis de observar. Foram os primeiros a serem examinados e, a partir das propriedades neles reconhecidas, foi formada a ideia de uma substância comum a todos chamada matéria.

Essa matéria era o elemento das coisas, a massa à qual a natureza deu todas as formas, e entende-se que suas propriedades variaram com o estado dos conhecimentos científicos. Era comumente concedida largura, divisibilidade, impenetrabilidade, gravidade e inércia. A descoberta das leis da atração, da eletricidade e os experimentos com a luz ampliaram o círculo de conhecimentos. Hoje os físicos chamam um corpo material de "qualquer coisa que manifeste sua presença por uma determinada ação". Esta definição ampla abrange tudo, mas tem a des-

[4] Parece, por exemplo, que o vapor e o gás não ocupam o espaço da mesma forma, porque o vapor se expande no ar tanto quanto no vácuo. Veremos, a seguir, que penso que a luz não ocupa o espaço materialmente.

vantagem de não definir nada, pela própria razão de que ela não exclui nada. Parece, no entanto, que, para manter as propriedades gerais da matéria, como gravidade e inércia, se imaginou considerar a luz, a eletricidade e a atração como propriedades imateriais, inerentes à matéria. Deixo a explicação desse novo dogma para os estudiosos. Quanto a mim, parece-me que as propriedades da matéria devem ser essencialmente materiais. Além disso, a ideia de que ela é fixa está tão ligada ao que temos da matéria que os físicos supõem que estão em estado de repouso enquanto não existem circunstâncias. Não sei o que restaria do magnetismo mineral se as correntes e a atração fossem removidas, mas o que sei é que o magnetismo, a eletricidade e o galvanismo só conhecemos por meio do movimento. Na verdade, os físicos nos asseguram que o repouso e o movimento são consequências da inércia da matéria, que persiste no estado de repouso ou no estado de movimento até que apareça um novo poder e mude seu modo de ser.

Aqui é necessário que eu seja claro. Entendo que se pode afirmar que a inércia preserva o movimento que foi transmitido aos corpos[5], mas não o produz. Ao contrário, o descanso nasce da inércia deixada por sua própria conta. Na verdade, o repouso, visto em relação ao estado do corpo, não é uma coisa positiva, mas uma afirmação negativa. É a ausência de movimento, assim como a escuridão é a ausência de luz. E como a inércia da matéria é uma qualidade negativa, ela oferece a ideia de repouso, isto é, da ausência do positivo, ou seja, de movimento. Newton quis dizer isso ao afirmar: "Todo corpo continua em seu estado de repouso ou de movimento uniforme em uma linha reta, a menos que seja forçado a mudar aquele estado por forças aplicadas sobre ele." Assim, ele reconheceu que o repouso era o estado natural dos corpos e que eles deveriam ser movidos para que passassem ao estado de movimento.

A inércia da matéria, ou sua inatividade, dá lugar ao movimento. Mas não pode ser dito da mesma maneira no que diz respeito ao repouso, pois o repouso não é o resultado de nenhuma ação, nenhum impulso, nenhuma causa

[5] Sem rejeitar essa opinião, não adoto, porque me parece que a inércia da matéria representa um obstáculo ao impulso, e que este, não se renovando, acabaria cedendo. Supõe-se que as oscilações do pêndulo continuariam indefinidamente no vácuo. O atrito deve primeiro ser desconsiderado, então o pêndulo oferece uma luta contínua entre a força suspensiva e a atração. Não é mais uma questão de inércia submetida a um impulso. Além disso, como os raios do sol se combinaram com a matéria, a inércia é apenas relativa, não é absoluta em parte alguma, como direi em breve.

estranha. Surge da inércia deixada por sua própria conta, isto é, uma das propriedades essenciais da matéria.

Se uma verdade tão palpável necessitasse de outras provas, encontrá-la-íamos na degradação do movimento que os corpos nos oferecem, na possibilidade de fazer sempre repousar pelo pensamento até os mais agitados. Finalmente, a segunda lei do movimento consiste em reconhecer que o movimento atua sobre os corpos na razão inversa de sua massa, de forma que "a mudança de movimento é proporcional à força motora imprimida e é produzida na direção de linha reta na qual aquela força é aplicada". A consequência desse teorema parece-me ser que o repouso é essencial à matéria. Na verdade, o que forma a massa dos corpos senão matéria? Se o obstáculo ao movimento aumenta por causa dessa massa, não é óbvio que ele aumenta por causa da quantidade de matéria que encontra? Isso só pode ser feito porque o repouso é da essência da matéria, e quanto mais matéria há, mais movimento é necessário para superar sua resistência à inércia. Se o repouso é da essência da matéria, como me parece óbvio, deve-se concluir que onde quer que haja movimento, há outra coisa mas não a própria matéria. Daí a necessidade de dividir o mundo físico em dois princípios desigualmente distribuídos nos corpos, a matéria e o movimento.

Os movimentos expostos são os únicos conhecidos na física. Eles foram submetidos a cálculos rigorosos que são extremamente úteis na aplicação. Quanto aos movimentos primordiais, a causa permaneceu desconhecida, limitamo-nos a um estudo rigoroso dos efeitos. No entanto, os movimentos primordiais existem necessariamente e, enquanto não os tivermos descoberto, a física se assentará em bases incertas. É este espaço vazio que permitiu admitir qualidades e efeitos opostos que se repelem, numa espécie de elemento comum para todos os corpos. Refiro-me à matéria. Os físicos reconhecem nela um princípio atrativo e um princípio repulsivo, que usam para explicar a solidez dos corpos, sua passagem ao estado líquido e, finalmente, ao estado gasoso. Segundo eles, o estado dos corpos sólidos é aquele em que a atração supera o princípio repelente, enquanto nos fluidos o princípio repelente supera a atração. Eles então explicam mais ou menos todos os estados intermediários.

Os físicos ainda reconhecem que o princípio repelente é aquele que produz calor. Só lhes restava descobrir a causa disso, para sentir a necessidade de dividir o mundo em dois elementos principais, o do calor e o da consistência dos corpos.

A maioria dos físicos explica os efeitos da luz e do calor por meio de uma hipótese concebida por Descartes. Antes de examinar este sistema, devemos falar sobre elasticidade, porque é com a elasticidade da matéria sutil que tentamos demonstrar tudo. Observemos, superficialmente, que se essa matéria sutil existisse, seria um elemento que deveria ser distinguido da matéria comum, que se reduziria à necessidade de dividir o mundo físico em dois princípios gerais.

No entanto, os físicos chamam de calórico a causa do calor, e calórico latente ou específico a mesma causa quando contidos em corpos em um estado de combinação.

Newton afirma que a elasticidade dos fluidos se devia ao calórico que, alojado no espaço entre suas moléculas, poderia ali ser momentaneamente comprimido e às vezes expelido. Esta opinião, universalmente aceita, explica da maneira mais satisfatória todos os fenômenos de elasticidade obtidos por compressão. Quanto aos fenômenos de elasticidade devidos à flexibilidade e extensibilidade dos sólidos, os físicos os atribuem à coesão, que é produzida entre as partes dos sólidos por um modo de atração que para no ponto em que a extensão dessas mesmas partes perturbou a ordem. Eles afirmam, além disso, provar por meio de experimentos que o calórico diminui a elasticidade dos sólidos.

Essa explicação, se houver, é dizer que a coesão é a causa da elasticidade dos sólidos e que a causa da coesão é um modo particular de atração. O modo particular de atração aqui é a própria coesão, de modo que a explicação dada obviamente forma um círculo vicioso. Tem, além disso, uma desvantagem, porque supõe para a elasticidade dos fluidos e dos sólidos duas causas opostas, enquanto me parecem ter apenas uma e a mesma causa modificada, o que já é mais provável, porque é mais simples.

Na verdade, a elasticidade dos sólidos se deve, creio eu, ao calórico específico que se encontra ali em estado de combinação. Para apoiar minha opinião, citarei a têmpera de metais. Como se dá ao ferro a grande elasticidade que ele adquire quando é transformado em aço? Não é sujeitando-o à ação de um fogo violento, e depois imergindo-o em um líquido, de modo a forçar, pelo resfriamento repentino das moléculas exteriores, uma quantidade maior de calor a combinar no metal[6]? Tanto para os minerais, quanto às plantas e aos animais, a elasticidade de seus sólidos se deve à ação da vida que os formou, e o que é a ação da vida senão o uso contínuo de calor?

Sabemos que a elasticidade dos sólidos depende também de suas formas, e podemos imaginar que ela deve sofrer a ação de um calor estranho, que altera as formas e tende a liberar dos sólidos o calórico específico que ali se encontra superabundantemente combinado. É precisamente o que acontece quando o aço é novamente submetido à ação do fogo, porque o calórico específico, que a têmpera ali fixou, escapa, e tudo o que resta é a elasticidade do ferro.

Em minha opinião, a força de coesão pode ter a mesma causa que a atração. Na verdade, suspeito que a atração não pertence à inércia da matéria, mas que se deve à união dos raios solares com ela[7].

A elasticidade desempenha um grande papel na física. É usado, no sistema que vou examinar, para explicar os fenômenos mais curiosos. Portanto, é necessário focar em sua causa. Essa causa dos fluidos, na opinião de todos os cientistas, é calórica. Assim, sem calórico, não há fluidos elásticos.

Os físicos afirmam que "os sons nada mais são do que vibrações muito rápidas de moléculas em corpos que são forçadas a sair de sua posição natural. Qualquer corpo que pode vibrar pode se tornar som. O ar é o veículo comum de sons, etc., etc., etc. ".

Até agora vimos a ciência trabalhar com o auxílio da análise, ela agora criará hipóteses para explicar os fenômenos do som e da luz.

Na verdade, afirma-se que os sons são propagados por ondas sonoras e a luz por ondas luminosas. No primeiro palpite, o ar estava lá, nós apenas imaginamos formas onduladas, mas no segundo, tudo teve que ser inventado, tanto o conteúdo quanto a forma. Supõe-se que existe um éter elástico cujas vibrações produzem luz e calor. Quanto ao calor, ressaltarei que os elementos são anteriores aos compostos, e que, se a elasticidade do fluido etéreo é formada pelo calórico (como a de todos os fluidos), não podemos conceber que as vibrações desse fluido possam ser o

[6] Por esta razão, mais faíscas voam de um isqueiro de aço do que de um isqueiro de ferro. Porque o aço contém mais caloria.

[7] Veja a explicação sobre o calor e a formação de eletricidade na Parte 2.

que produz calor. Não vou expandir mais essa observação, cuja importância é evidente, e me voltarei para o exame da teoria do som. Logo reconheceremos, entre seus efeitos e os da luz, tal analogia, que por si só faria presumir que eles têm uma causa comum.

Os físicos veem o som como uma aplicação da elasticidade dos corpos para um propósito particular, do qual o ar é o veículo comum[8].

Observe que os físicos atribuem a elasticidade dos fluidos e a dos sólidos a duas causas opostas (o princípio repulsivo e o princípio atrativo), e que há então uma aparência de contradição em reconhecer o mesmo efeito neles. Na minha opinião, o calórico é a causa de toda elasticidade. É, segundo a ciência, o princípio da elasticidade dos fluidos, assim, pelo menos para este último, o calórico é o produtor da sonoridade, quando é posto em vibração.

Como o calórico do ar forma ondas sonoras? Falarei sobre essa questão, mas talvez seja necessário ter adquirido antes algumas noções sobre a natureza do calórico.

Os físicos nos ensinam que o calórico é um princípio repulsivo que tende a mover as moléculas dos corpos incessantemente num espaço maior. Mas de onde vem esse movimento? É possível vê-lo se conter em diversos grupos e se liberar em seguida através de uma combustão. Mas não podemos ver a fonte do início do movimento. Isso nos leva aos movimentos primordiais cuja causa continua desconhecia.

Supõem-se que a queda de uma maçã revelou a Newton as leis da atração. Um pouco de água, reduzida a vapor, revelou a causa da elasticidade dos fluidos. E se ele tivesse se atentado ao estudo da ação do fogo sobre essa água vaporizada, talvez ele tivesse descoberto a fonte dos movimentos primordiais.

O fogo, que também podemos chamar de luz, causa nos corpos um movimento que nós denominamos calor.

Quando o fogo, ou, se preferirmos, a luz, coloca a água em ebulição, os físicos dizem que o calórico penetra o líquido, agita as moléculas, e produz, enquanto a converte em vapor, as bolhas de ar que sobem à superfície. Mas não seria esse calórico agitador o movimento da luz que, combinado com o líquido, agita as moléculas e produz o vapor?

[8] Observarei que, se a sonoridade é apenas a aplicação da elasticidade para um determinado uso, segue-se que o calórico é a causa da sonoridade dos fluidos, pois é ao calórico que eles devem sua elasticidade. No entanto, explicarei em breve como o movimento elementar produz caloria e sonoridade.

O isqueiro pneumático é a prova, pois o fogo liberado pela compressão do ar não é nada mais do que a luz que foi combinada com ele. Isso poderia se sustentar também sobre uma das mais belas descobertas da química moderna. Gostaria de falar da decomposição e da recomposição da água. Podemos ver, nessa experiência, o calórico (ou mesmo a luz) formar o gás, e a faísca elétrica reproduzir a água, retirando os raios luminosos que foram combinados[9].

Colocando uma jarra de vidro cheia de água diretamente no fogo vivo, é fácil perceber que uma grande parte dos raios é absorvida pelo líquido. O vapor é formado instantaneamente, mostrando que o fenômeno da combinação e da luz com o fluido pode ser fazer e se desfazer diante dos nossos olhos. Poucas experiências me parecem tão conclusivas, mas no entanto receio que a simplicidade dessa apresentada não chame a atenção.

Acabamos de ver o movimento da luz se combinar com a água e formar o vapor. É possível chegar à conclusão de que o calórico nada mais é que um nome dado à combinação dos raios luminosos com a matéria. Podemos chamá-lo de específico, discreto, latente, etc. No que se refere ao calor propriamente dito, é o trabalho que precede a formação ou que acompanha a destruição dos grupos. De fato, chamamos calor a agitação que as moléculas dos corpos recebem da luz, ou seja, o movimento elementar que se encontra comprometido e ainda não combinado.

Se o calor é um efeito produzido pelo primeiro modo de combinação dos raios luminosos na matéria, podemos entender que não pode existir calor onde não há matéria. Eis a causa do frio excessivo que reina nas altas montanhas, e também do congelamento da água sob a máquina pneumática. É também porque o calor não pode se formar no vazio que o fogo se apaga nessa situação[10].

O Sol é a única fonte de luz, independentemente do corpo que a reproduza aos nossos olhos. Pois ainda assim são os raios solares que nos clareiam quando o fogo destrói os compostos. Quando observamos o fenômeno da combustão, podemos ver a luz jorrar combinações que a es-

[9] A combustão destrói as combinações gasosas enquanto libera luz.

[10] O movimento elementar encontra mais emanações materiais à medida que ele se aproxima da superfície terrestre. Por esse motivo, o calor se manifesta cedo e com mais intensidade nas planícies do que nas montanhas. Ele se forma sempre embaixo, mesmo que os raios solares tenham atingido antes os pontos mais altos. Tentamos explicar as diferenças de temperatura pelas correntes de ar que se formam. Isso serve para as variações em lugares fechados, mas é ineficaz quando estudamos os efeitos do calor ao ar livre, onde as variações são quase nulas.

condem à medida que são destruídas. Não estamos mais no momento em que sentimos as verdades do instinto. É desnecessário repetir que o princípio luminoso está no Sol, e que seus raios se combinam com a vegetação, com os frutos, com as plantas e com as árvores. Sabemos, por exemplo, que quanto mais as videiras são expostas ao sol, mais inflamáveis são os vinhos feitos delas. E podemos dizer, queimando o álcool que essas videiras fornecem, que vimos a luz se misturar pela primeira vez durante a formação da uva. Pelo mesmo motivo, as substâncias fosforescentes e, particularmente, as substâncias doces abundam nos climas quentes, e podemos ver que nos trópicos as cores são mais vivas nas plantas e nos animais.

A ciência foi muito inteligente ao explicar o mistério da coloração. Ela havia descoberto que os raios solares continham as cores; devia-se concluir que eles se fixavam nos corpos, já que os corpos eram coloridos. Isso teria sido tão simples quanto a natureza. Infelizmente, chegou-se a uma conclusão diferente e a descoberta da verdade tornou-se mais difícil. Porém, a luz artificial apresenta os mesmos fenômenos de coloração que a do sol, de modo que é evidente que os corpos que a reproduzem continham, antes da combustão, o princípio das cores em estado de combinação[11].

Notamos que a luz artificial é geralmente menos branca do que a do sol. Isto acontece pois os raios que a combustão reproduz em maior quantidade são aqueles que se combinaram em maior proporção, e os raios vermelhos, em particular, estão neste caso.

A luz da Lua, por outro lado, deve combinar-se com menos facilidade, porque reflete em maior quantidade os raios mais difíceis. Consequentemente a luz é pálida, branca e sem calor. Isso explica ainda mais por que a luz artificial, em quantidade igual, geralmente produz mais calor do que a luz solar.

Vemos os raios do sol nos alcançando. Sentimos eles entrarem no nosso corpo, trazendo movimento e calor. Nada é, portanto, mais natural do que o sistema de emissão de luz. Mas o movimento dessas emissões é comunicado ou é deles mesmos? Para resolver esta questão, basta observar

[11] Um experimento muito simples pode ser usado para demonstrá-lo. Queime papéis coloridos. Você verá a chama, ao destruí-los, escapando em raios vermelhos, verdes ou azuis, dependendo da cor dos papéis. Deve-se notar também que, se a cor dos objetos resultasse apenas dos raios refletidos, eles seriam, como no experimento acima, visivelmente coloridos.

que o movimento da luz é sempre igual, que nenhum outro é comparável, que não somos capazes de inventar nada que gere uma impulsão que possa reproduzi-lo, e que só pode ser, pois pertence ao próprio elemento de luz[12].

Na verdade, se o movimento dos raios de luz fosse um movimento comunicado, ele perderia sua força ao se afastar do astro do dia, e na luz artificial variaria em intensidade, de acordo com os corpos que o produziram. No entanto, o curso da luz é sempre o mesmo, seja emanado do sol, ou de qualquer chama. Além disso, a combustão não oferece nada que possa dar a suspeita de um fenômeno de impulso tão extraordinário quanto o da luz. Vê-se ali, durante a destruição de uma combinação, o movimento que nele se empenhava escapando sempre do mesmo, e nada mais.

Após tudo que foi dito até aqui, concluo que os raios solares são a fonte dos movimentos primordiais cuja causa era desconhecida, ou mesmo que eles são os próprios movimentos primordiais.

Assim, em minha opinião, o mundo físico é composto de dois princípios gerais desigualmente distribuídos nos compostos: a matéria que forma a consistência dos corpos e os raios solares que chamo de movimento elementar.

Os físicos consideram a sonoridade como uma aplicação da elasticidade a um uso particular. Essa elasticidade não é igual em todos os corpos. Vou examiná-lo em relação a fluidos, líquidos e sólidos. Sabemos que a água pode facilmente passar ao estado de vapor e que o frio a solidifica. Será objeto de algumas observações particulares, porque pode ser considerado sucessivamente nos três estados que acabo de indicar.

Quando examinamos a formação dos sons, o ar é o corpo mais notável, e sabemos que os gases e os vapores mostram os mesmos fenômenos de elasticidade. Assim, não vou distinguir entre essas substâncias, porque o que direi sobre o vapor, seria necessário dizer sobre o ar, tanto pela elasticidade quanto pelo som.

Newton provou que a elasticidade dos fluidos era devida ao calórico que os tornava compressíveis. Assim, a elasticidade dos fluidos, ou, se desejarmos, o seu som, está essencialmente ligada à sua compressibilidade. Se isso for verdade (como dificilmente podemos duvidar), devemos

[12] Se o movimento não fosse da essência dos raios de luz, como eles poderiam preservá-lo nas combinações em que entram? E como, quando essas combinações são destruídas pela combustão, esses raios escapariam com uma velocidade constante?

concluir que os líquidos não são sólidos, porque são pouco ou não compressíveis. Essa consequência adquirirá uma nova força, se cuidarmos para que os líquidos ainda possam ser considerados fluidos privados de sua elasticidade, tornando-os compressíveis.

A bela experiência da recomposição da água não deixa dúvidas a esse respeito. No entanto, é às ondas líquidas que devemos a suposição de ondas sonoras, imaginadas para explicar a propagação dos sons. Podemos, aliás, ter certeza, por meio de experimentos fáceis, que a percussão dos corpos mais retumbantes não produz mais nenhum som por imersão em um líquido. Pelo mesmo motivo, em meio à neblina, o som se extingue a uma distância menor, e, além disso, será notado que a natureza, ao não dar voz aos animais que vivem na água, revelou a solidez dos líquidos. Veremos mais tarde o que devemos pensar nisso como propagadores de som.

É ao ar que devemos o conhecimento dos sons. Se eles se fechassem no que é chamado de corpo sonoro, eles nunca alcançariam nossos ouvidos. O estudo da propagação dos sons no ar, portanto, merece toda a nossa atenção. A hipótese da onda sonora é baseada em experimentos e cálculos que examinarei.

Sabemos que todos os sons se propagam no ar com a mesma velocidade, graves ou agudos, fortes ou fracos. Os físicos observaram os efeitos vibratórios de uma corda tensa e notaram que os sons graves são produzidos por vibrações mais longas e os sons agudos por vibrações mais rápidas, de modo que, para mudar de grave para agudo, basta diminuir o comprimento da corda. Eles também observaram que há uma compensação exata entre o comprimento e a velocidade das vibrações. Eles concluíram que a propagação deveria ser a mesma para todos os sons, e aqui está como eles raciocinaram.

Um tubo de órgão de 32 pés[13] produz o primeiro som apreciável. Este som resulta de 32 vibrações por segundo. Cada vibração produz uma onda sonora de 32 pés, de modo que cada onda em 1/32 de segundo viajará 32 pés. Se o comprimento do tubo for a metade, a onda será a metade. Ele viajará em cada vibração apenas 16 pés, mas essas vibrações serão de 64 por segundo, então a progressão do som será a mesma. Assim por diante, para todos os com-

[13] N.T.: 32 pés equivalem a aproximadamente 10 metros. 16 pés equivalem a aproximadamente 5 metros.

primentos e para todas as velocidades comparadas.

Observemos primeiro que se a velocidade das oscilações de uma corda vibrante depende de seu comprimento, também depende de sua tensão, e que então esta tensão deve acelerar a progressão dos sons, uma vez que o tamanho das ondas sonoras (determinado por o comprimento da corda) permaneceria o mesmo, enquanto a tensão aumentaria sua velocidade.

Na exposição da causa da igualdade da propagação dos sons, que acabamos de ler, a exatidão do cálculo pode ser sedutora. No entanto, ao examinar, reconhecemos que este resultado aritmético é baseado unicamente na medição das ondas sonoras que presumimos existir, e que relacionamos com o cálculo das vibrações.

A existência dessas ondas ideais é, portanto, a base da demonstração. Talvez seja curioso saber como foram medidas. Nada mais fácil. Experimentos descobriram que a uma distância de 340 metros o aparecimento da luz de um tiro de canhão precedia a chegada do som em cerca de um segundo. A partir daí, bastava uma regra de proporção para medir as ondas sonoras[14]. Este processo pode ser engenhoso, mas não prova nada, exceto que o som percorre 340 metros por segundo, o que é muito estranho à existência de ondas sonoras, que, de forma inadequada, intervêm no cálculo. Se se afirma que a medição das ondas sonoras é apenas uma suposição baseada na comparação entre o comprimento da corda e o tempo das vibrações, essa suposição também não provará a existência dessas ondas. Portanto, permanece a questão de saber se as ondas sonoras existem.

Os físicos nos dizem que não devemos nos surpreender se vários sons se propagam ao mesmo tempo, em direções diferentes, sem prejudicar ou destruir uns aos outros, pois comparamos a propagação de sons a ondas na superfície de líquidos, e geralmente com movimentos infinitamente pequenos.

Não ataco essa explicação, mas me parece que os movimentos das ondas de 32 pés não são infinitamente pequenos, e tenho dificuldade em imaginar como essas ondas, cujo curso depende do comprimento, avançam da mesma maneira, embora interrompida cem vezes em seu curso. Quanto às ondas reais que se formam na superfí-

[14] As vibrações não produzem mais som além de 10 metros. Como consequência, a maior dimensão das ondas sonoras foi reduzida a esta extensão.

cie dos líquidos, vemos que se destroem ou se prejudicam quando se opõem e se encontram.

O isocronismo das vibrações de uma corda cuja tensão permanece a mesma não é surpreendente, porque essas vibrações são as oscilações de um pêndulo fixado em ambas as pontas. Este fenômeno é estranho à propagação de sons. Na verdade, o ponto de partida dos sons não depende do comprimento da corda. Os sons se formam no ar em todos os pontos de vibração e escapam dele da mesma forma que a luz escapa do pavio de uma vela acesa.

A extensão das vibrações, portanto, nada tem a ver com a progressão dos sons. E se houvesse alguma influência, ela teria que ser considerada, não de acordo com o comprimento da corda, mas como ela se desvia do centro dessa corda em repouso. Isso não tem outro efeito a não ser determinar os diferentes graus na passagem dos sons do grave para o agudo. Um pouco de atenção é suficiente para mostrar que quanto menor a amplitude das oscilações de uma corda, mais rápidas elas são e mais agudos se tornam os sons resultantes. Depende de três circunstâncias que não influenciam na propagação dos sons, a saber: o comprimento da corda, a sua espessura e a sua tensão[15].

Nada prova a existência de ondas sonoras. É uma hipótese nascida da necessidade de explicações, como a das ondas de luz. Mas, uma vez que essas suposições são baseadas nas ondas reais que vemos se formando na superfície dos líquidos, é necessário examinar a propagação delas e sua causa.

Os físicos asseguram que a onda dos líquidos têm sempre a mesma velocidade, que os círculos que apresentam se afastam uns dos outros, mas que cada um de seus anéis mantém a mesma largura.

Se esta afirmação estiver correta, devemos concluir que o tamanho das ondas líquidas é sempre o mesmo, pois esta magnitude é precisamente a largura de cada uma das faixas circulares que apresentam. O que então acontece com o tamanhos diferentes de ondas sonoras, e a explicação para a propagação igual do som?

As vibrações em corpos sólidos dependem do modo de agregação que une suas partes. Elas seguem, consequentemente, a direção e a ordem das fibras, e como esse modo de agregação é uniforme no mesmo corpo, a extensão das

[15] Não é preciso demonstração para sentir que a tensão diminui a amplitude das oscilações da corda e que o aumento de sua espessura as afasta de seu centro.

vibrações é a mesma em todos os lugares[16]. Esse estado de coisas pode ser alterado pela tensão, pois perturba as relações das partes e as força a vibrações mais rápidas e mais curtas.

Os líquidos, por sua natureza, não podem ser estendidos. Assim, as leis de agregação que os formam permanecem constantemente nas mesmas relações, e as vibrações impressas em sua superfície (que são chamadas de ondas), devem sempre ter uma velocidade igual e uma extensão igual. Aconteceria o mesmo em relação aos gases, e isso explicaria a igualdade de propagação dos sons no ar, se, no entanto, ali se formassem ondas sonoras. Mas isso não estaria de acordo com a hipótese do fluido etéreo, em que se atribui o calor e as cores à diversidade de tamanhos que se supõe nas ondas de luz.

As vibrações nos sólidos se comunicam tanto mais rapidamente quanto mais suas partes têm mais continuidade e aderência entre si. Por exemplo, as vibrações se comunicam muito mais rápido em tubos de ferro fundido (como discutirei em breve) do que na superfície de líquidos. No entanto, as ondas que se formam na superfície destes se propagam mais lentamente do que os sons do ar, embora as moléculas das combinações de gases pareçam não ter continuidade nem adesão entre elas. Não deveríamos concluir disso que o progresso dos sons no ar se deve a uma causa diferente daquela que propaga vibrações em sólidos[17]?

Matéria e movimento se unem em proporções variadas para compor tudo o que a natureza nos oferece. Nos sólidos, a matéria domina, há continuidade material, que formaliza sua solidez. Nos fluidos, por outro lado, é o movimento que vence. Há continuidade do movimento, que formaliza sua fluidez. Quanto aos líquidos, os dois primeiros princípios são equilibrados com uma espécie de igualdade. Porque suas moléculas não têm adesão suficiente para manter uma forma específica, mas retêm o suficiente para

[16] Todo resto é igual, pois a forma de um corpo influencia a extensão e a velocidade de suas vibrações. Em um círculo, por exemplo, os sons se tornam mais agudos à medida que o diâmetro diminui. Além disso, a força do impulso não muda a natureza do som produzido, pois é determinada pelas relações de agregação das moléculas do corpo. Um impulso violento pode causar deslocamentos de massa, que, em líquidos, produz ondas, mas não altera o modo de agregação de suas partes, nem as vibrações que podem receber e que se manifestam por ondas em sua superfície.

[17] Veremos mais tarde que as vibrações dos instrumentos musicais não são sons, e que o surdo que as sentir não ouvirá o som produzido. Ondas na superfície dos líquidos são vibrações. Eles devem a propriedade de formá-los ao restante da adesão que ainda une suas várias partes.

receber vibrações em sua superfície.

Os gases não podem receber vibrações, pois não têm mais aderência. Mas o movimento, que a matéria impedia nos líquidos, é aí retido em um estado de continuidade, o que lhes dá internamente em todos os sentidos uma circulação igual e permanente[18]. Eis a causa da propagação dos sons. Você quer fazer os líquidos soarem? Aumente o seu movimento através do calor e ele se torna contínuo. A aderência cessa, o estado gasoso é formado e a sonoridade é declarada. O oposto acontece, por assim dizer, em meio a uma névoa densa. Porque a água espalhada no ar interrompe o movimento ali, e mata o som a curta distância, ao restabelecer uma espécie de continuidade material.

O ar sozinho é realmente sonoro. Os outros corpos apenas agem de acordo com sua natureza e o colocam em ação por meio de suas vibrações. A experiência da percussão de um sino colocado sob o receptáculo da máquina pneumática não deveria ter deixado dúvidas a esse respeito. Mostra que o som se extingue com a formação do vácuo e que renasce com o retorno do ar. No entanto, alega-se que se prova que os sons existem nos corpos por meio de um experimento que examinarei.

Batemos na extremidade de tubos de ferro fundido com 900 metros de comprimento. Esse golpe produziu dois sons na outra extremidade, um transmitido mais rapidamente pelo metal e outro mais lento pelo ar interno, portanto, como foi dito, o som existe também nos sólidos da mesma maneira que no ar, visto que os sons propagam-se lá, inclusive mais rapidamente.

Esta conclusão confunde vibrações com sons. Se as vibrações de uma das pontas dos tubos, no momento da percussão, produziram sons no ar, não vemos por que essas vibrações propagadas no metal também não produziriam sons agindo da mesma maneira no ar que eles encontram na outra extremidade. Portanto, esse experimento não prova o que se quer fazer com que ele prove, mas parece indicar que a transmissão das vibrações depende de outra causa que não a propagação dos sons no ar, visto que seu curso é diferente[19].

---

[18] Essa circulação se assemelha à dos raios de luz que a formam quando são retidos no gás. Além disso, todos os fenômenos de reflexão de dupla refração e polarização da luz são encontrados no som. Além disso, o movimento é uma substância que, por sua natureza. Viaje por trinta e quatro milhões de léguas em oito minutos quando ela não estiver parada.

[19] Sabemos que um golpe em uma cabeça de alfinete na extremidade de um feixe longo se propaga para a outra extremidade, enquanto o choque não se

Vou citar uma observação fisiológica sobre este assunto. O estremecimento das taças de uma gaita ou de qualquer timbre se estende a todo o sistema nervoso da pessoa que a toca. Entretanto, uma pessoa surda que sentisse isso não ouviria o som produzido. Pode-se dizer que você precisa de ouvidos para ouvir, assim como precisa de olhos para ver. Isso é precisamente o que demonstra que as vibrações não são sons, pois o cérebro os recebe independentemente dos ouvidos e transmite à alma sensações bem diferentes das produzidas pela sonoridade.

É preciso um dispositivo especial para ouvir, assim como é preciso outro para ver, pois ouvimos apenas reunindo os sons que estão no ar, assim como vemos apenas reunindo as cores e as formas que nos traz a luz.

O princípio da sonoridade do ar é o mesmo da sua elasticidade. Ambos são devidos ao calórico, e o calórico também é a causa da elasticidade dos sólidos. Explicarei agora por que o ar é sonoro, enquanto os sólidos não.

Lembramos que calórico é apenas um nome dado ao estado de combinação dos raios de luz nos corpos. Essas combinações variam, e podemos classificar as misturas que formam em três classes principais, em relação à degradação do movimento que contêm: fluidos, líquidos e sólidos.

A luz é o efeito produzido pela expansão do movimento elementar. Os corpos circundantes chegam constantemente aos nossos olhos e, assim, dão-nos a sensação das formas que tocou. Este efeito cessa necessariamente assim que o movimento é encerrado em uma combinação e é renovado quando a combustão o destrói. Quando o movimento domina essencialmente na formação de um misto, a parte material é imperceptível. É levado com tanta rapidez que nossas sensações confundem a velocidade da mistura com a da luz. Assim é o fluido elétrico, assim também é a vida, que também se pode considerar um fluido incoercível[20]. Na combinação desses fluidos, o movimento está em um estado de continuidade, enquanto é a matéria que está na combinação de sólidos.

O ar, enquanto se forma, expande uma infinidade de moléculas materiais que permanecem imperfeitamente combinadas nele. Ele contém um movimento interior que o atravessa em todas as direções e uma parte material que esse movimento mantém em dissolução. É uma mis-

propaga transversalmente.

[20] Veremos, na segunda parte, a formação da eletricidade e a estimativa de sua velocidade. Veremos também a formação da vida.

tura que apresenta uma circulação interior devida ao movimento elementar e um corpo material capaz de receber os movimentos comunicados. Vimos que ao agarrar sua parte material sob a pressão do isqueiro pneumático, ela se separa do movimento, e então a luz reaparece nua[21]. Esse movimento, combinado no misto aéreo, é o verdadeiro corpo do som. É sobre ele que atuam as vibrações dos instrumentos musicais. E podemos imaginar, portanto, que devemos encontrar na propagação dos sons grande parte dos fenômenos de reflexão que a luz nos apresenta.

A parte material do ar pode receber impulsos mais ou menos violentos. Daí os ventos e as tempestades. Mas a força motriz da sonoridade se deve aos movimentos primordiais combinados no gás: eles mantêm ali uma circulação contínua que se espalha por todos os sentidos como luz. Essa circulação é a única causa da propagação dos sons e é suscetível a poucas variações. Além disso, o impulso que um tiro de canhão produz no ar não impede que os sons se espalhem igualmente em todas as direções, e os ventos que os levam mais longe não alteram seu curso normal o suficiente para que possamos confundi-la com eles.

O movimento interno do ar contribui para as emanações odoríferas. Tem sido observado por todos os físicos, que o atribuem ao princípio repulsivo, ou seja, ao calórico. Daí as discussões sobre o ar ambiente. Concordo com eles que o calórico é a causa do movimento e do som do ar. Mas, repito, calórico é apenas o nome dado a um efeito produzido pela combinação da luz com a matéria.

Ao concluir o que diz respeito à sonoridade, resta-me apresentar algumas observações sobre sua relação com os fenômenos que a luz nos oferece. A propagação dos sons é muito lenta quando comparada à dos raios de luz. No entanto, como são devidos à mesma causa, têm muitas analogias.

Na verdade, os raios de luz se cruzam sem ferir uns aos outros, assim como os sons. Eles podem ser refletidos, e o ângulo de reflexão é igual ao ângulo de incidência, assim como os sons. Parece também que, em alguns casos, sons, como a luz, podem estar sujeitos a polarização e refração dupla.

A luz nos oferece sete cores, da mesma forma que a sonoridade apresenta sete notas, e os sons aí são coloca-

[21] De fato, no isqueiro pneumático, a compressão repentina da mistura aérea impulsiona sua parte material, que desnuda e desnuda o movimento elementar, cuja combinação com o material é assim destruída.

dos exatamente na mesma ordem das cores. Ou seja, a extensão das faixas coloridas do espectro solar estão na mesma relação entre si que os intervalos que separam os sons na escala menor.

Podemos ver as cores na luz quando um incidente de refração as mostra para nós. Da mesma forma, os sons no movimento do ar não se tornam sensíveis até que um acidente de vibrações nos faça ouvi-los.

Todas essas analogias apontam para uma fonte comum. Mas a sonoridade apresenta essa peculiaridade, em que vinte instrumentos de afinação dão vinte sons de uma natureza diferente. Não existe, nem pode existir, nada análogo a este fenômeno na luz. Na verdade, os raios de luz são uma substância primária, um elemento que não tem nada de material e que, portanto, não pode ser materialmente apreendido[22]. O ar, ao contrário, é o produto de uma combinação das emanações do Sol com a Terra. Seu movimento pertence a um misto. Existe algo material que pode ser apreendido e receber certas formas. As vibrações dos instrumentos musicais o agarram de fato, e a natureza diferente dos sons é precisamente a forma dessas vibrações que os instrumentos dão à mistura aérea.

A explicação da sonoridade poderia dispensar-me de dizer por que os líquidos, principalmente os sólidos, não são sonoros. Na verdade, é à falta de continuidade entre as moléculas materiais das combinações de gases que eles devem seu som[23]. Se os raios solares contidos no ar não formassem um misto onde o movimento domina o suficiente para produzir circulação permanente em todas as direções, os sons não poderiam nascer ali, ou seriam abafados pela continuidade das moléculas materiais, como nos líquidos. Nestes, porém, a continuidade das moléculas é interrompida todo o tempo por um movimento do calórico latente que as impede de se aglomerarem, de modo que, para torná-las sonoras e estabelecer a livre circulação do movimento nelas, basta aumentá-las reduzindo-as a vapores.

Os raios solares são parte constituinte dos corpos sólidos onde se combinam. Eles formam ali uma elasticidade imutável que se manifesta por fenômenos de flexibilidade e extensibilidade. Mas como eles estão parados, não po-

[22] Os raios do sol são indescritíveis, desde que não estejam engajados na matéria.

[23] Na neblina espessa, os sons param a curta distância, porque a continuidade das moléculas é de alguma forma restabelecida pela abundância de umidade que o ar continua expandindo.

dem desfrutar dessa circulação interna da qual resulta a sonoridade.

Observe a água congelada, suas moléculas se agrupam. Elas se tornam sólidas e a elasticidade por flexibilidade se manifesta ali. Expondo essa água à ação do calor, o movimento aumenta, torna-se líquida, sua elasticidade por flexibilidade desaparece e suas moléculas perdem quase toda a aderência. Finalmente, ao passar a água ao estado de vapor, seu volume aumenta. Pois o movimento que adquire é prodigiosamente dirigido às suas moléculas. Sua continuidade cessa completamente. A elasticidade por compressibilidade é então manifestada bem como a sonoridade.

Todos os corpos são mistos que a matéria e o movimento compartilham, mas que nunca possuem de maneira exclusiva. Nos sólidos, a matéria domina, eles nos dão a ideia de fixidez. Os fluidos, ao contrário, e especialmente o fluido elétrico, nos oferecem a imagem do movimento. Já os líquidos encontram-se em um estado intermediário, colocados entre sólidos e fluidos. Um pouco mais ou um pouco menos de movimento faz com que mudem de natureza.

As teorias adotadas na física não distinguem entre o princípio do movimento e o da consistência dos corpos. Com eles tudo é matéria e resulta em muita confusão.

Os físicos se perguntam, por exemplo, se a luz, o calor, a eletricidade e a causa da atração são corpos, ou apenas propriedades da matéria. A maioria os considera fluidos materiais, mas concordam que não há como descobrir nessas substâncias as propriedades comuns da matéria, como gravidade, impenetrabilidade e inércia.

Os físicos dão a esses novos fluidos o nome de fluidos incoercíveis, imponderáveis, discretos, etc. As opiniões são divididas sobre as causas da luz e do calor. Pois alguns os atribuem a emissões e outros a diferentes tipos de vibrações.

Examinarei rapidamente o último desses dois sistemas. O que acabamos de ler pode dispensar-me, pois creio ter me explicado suficientemente a respeito da luz e do calor. E o que disse sobre a falta de realidade das ondas sonoras se aplica em qualquer ponto à hipótese das ondas de luz.

Os físicos pretendem explicar os fenômenos de luz, calor e eletricidade, presumindo a existência de um fluido universalmente distribuído, que eles chamam de éter. Esse fluido, dizem eles, não manifesta sua presença em estado de repouso. Mas centros de agitação de diferentes ordens podem colocá-lo em movimento, e a diversidade das vibrações que eles produzem explica os fenômenos de luz, calor e eletricidade. Podemos admitir neste éter dois fluidos cuja combinação acarreta o estado de repouso, e que produzem todos os fenômenos de movimento, atração e repulsão.

Tal é a exposição deste sistema que ele pode parecer engenhoso. Mas a natureza não se presta, como hipóteses, às variações exigidas pela necessidade de explicações. A suposição de um ou dois fluidos anuncia muita incerteza por parte de quem os usa em suas demonstrações.

Este éter, introduzido na ciência, inverte a teoria da elasticidade do ar, porque o calórico que o forma e que dele expele a compressão dificilmente pode ser considerado um efeito vibratório. Também derruba a teoria das combinações químicas nas quais o calórico entra como uma substância.

No entanto, a química provou por numerosos experimentos que toda fluidez é devida ao calórico, e é até muito provável que o emprego de um calor suficientemente intenso liquefizesse ou vaporizasse todos os corpos.

Assim, quando os físicos afirmam demonstrar que o calor é apenas resultado das vibrações do fluido etéreo, procuram nos persuadir de que um efeito gera sua causa, já que o calor é a causa de toda fluidez. É também ao calor que a matéria deve a propriedade de assumir formas ondulantes, pois os sólidos liquefeitos tornam-se suscetíveis a ele, e os líquidos deixam de sê-lo quando se solidificam, privando-os de calórico. Parece, portanto, que a existência do calórico, como princípio de liquefação e fluidez, é a menos questionável. Os físicos explicam os fenômenos de calor e luz pelas ondas do fluido etéreo que os centros de agitação põem em vibração, mas se esqueceram de nos dizer de onde esses centros de agitação obtêm o movimento que comunicam ao éter, para que sua explicação, diminuindo a dificuldade, só faz sentir melhor a necessidade de descobrir os movimentos primordiais[24].

Os líquidos sozinhos nos deram a ideia de ondas. É assim que chamamos as formas que assumem quando estão agitados. Devem-se à aderência que um resto de continuidade mantém entre suas moléculas, e não acho que pos-

[24] É um trabalho arriscado criar elementos para explicar o universo. Quanto a mim, vi os raios do sol, julguei que fossem uma substância, pus-me a estudar a sua natureza e nada criei.

sam existir em fluidos, onde o movimento domina demais a matéria para que ela retenha qualquer adesão. Em todo caso, se supomos ondas em fluidos, devemos ao mesmo tempo supor algum tipo de aderência.

Na verdade, se as partes de um fluido não têm aderência entre si, elas podem (como os sólidos) ser projetadas em uma direção determinada pelo impulso, mas elas não formarão ondas. Se, ao contrário, elas conservarem um resíduo de aderência, serão formadas ondas. Mas o movimento sobreviverá tanto quanto o impulso e encontrará mais elasticidade.

Este fenômeno é inconciliável com aqueles que a luz nos oferece. A clareza cessa no instante em que a chama se apaga, e tenho dificuldade em entender como se pôde permitir um retorno ao estado de repouso tão repentinamente, em um fluido eminentemente elástico como se supõe o éter.

Corpos luminosos, dizem os físicos, são moléculas em qualquer estado de vibração. Isso resulta em ondas de todos os tamanhos. Aqueles cuja extensão varia de 6 a 4 milésimos de milímetro são luminosas. Maiores, são caloríficas e, menores, manifestam-se por ações químicas. Todas essas ondas estão caminhando em um ritmo igual[25].

Lembraremos do que eu disse sobre este assunto ao tratar da propagação de sons, não voltarei a isso. Mas devo salientar que o frio reina sobre as altas montanhas, enquanto o calor é sentido na planície. No entanto, a dimensão das ondas não varia na descida. O mesmo pode ser visto no vácuo. Portanto, parece certo que o calor não depende da extensão das ondas caloríficas.

---

[25] Em um fluido homogêneo, como o fluido etéreo, as ondas não devem variar. Parece, portanto, que a diversidade das cores resulta de uma diferença na própria natureza dos raios que as produzem. Supõe-se que além do espectro solar existem ondas de calor maiores e ondas químicas menores. Mas essa suposição me parece quimérica, como a das ondas etéreas. Tudo me leva a acreditar que os raios que existem além do espectro solar são poucos para serem vistos, mas são os mesmos que vemos.

Quanto mais intenso o calor, mais sua ação se aproxima da da luz, de modo que passa pelos corpos diáfanos que retêm o calor medíocre. Isso é possível, se o calor for devido ao movimento produzido na matéria pelos raios solares que nela incidem. Mas isso não é mais concebível se o calor for o resultado de ondas de luz, cujo número não muda a natureza. Deve-se notar também que a mistura de dois líquidos frequentemente produz um alto grau de calor, e que não vemos ali nenhum aparato vibratório, mas sim uma decomposição de misturas. A vegetação das árvores e a respiração dos animais também produzem calor ao quebrar o ar, o que prova que ele continha o princípio do calor em estado de combinação. Além disso, os proponentes do fluido etéreo nada dizem sobre a causa das vibrações dos corpos luminosos. No entanto, parece que essas vibrações entram em pelo menos metade dos fenômenos produzidos.

Se existissem ondas etéreas, os movimentos particulares de cada uma delas se fundiriam no instante em que se encontrassem. Isso resultaria em novas ondas cujo movimento seria uniforme e indecomponível pelo prisma. De fato, às vezes podemos separar os princípios que se uniram na composição de um misto, mas não podemos encontrar da mesma forma os elementos dos diversos impulsos que se fundiram na formação de um novo movimento.

Devemos supor que as ondas de luz se encontram, se misturam e, ainda assim, cada uma delas ainda retém seu movimento particular? Isso é compreensível se a luz for o movimento elementar. Pois pode ser composto de movimentos de várias naturezas, bem como de matéria de várias substâncias. Mas nos movimentos comunicados, esse fenômeno me parece impossível.

A emissão, ou melhor, a emanação luminosa, parece-me comprovada pelo próprio fato de reconhecermos na luz vários tipos de raios.

Newton supôs um movimento comunicado nas emanações solares, o que o fez imaginar sua teoria dos acessos. Se ele tivesse reconhecido que essas emanações eram o próprio movimento, ele teria explicado todos os fenômenos de difração e inflexão da luz.

A hipótese do fluido etéreo e de suas diferentes ondas não tem outra base senão as analogias que se notam entre certos fenômenos observados nos fluidos e nos líquidos, e aqueles que a luz apresenta. Essas analogias não são surpreendentes, se (como expliquei) é o movimento dos raios solares que produz as combinações de gás e líquido ao se engajar na matéria.

A luz é um elemento dos gases, não vou repetir como prova o que disse sobre a formação do vapor. Mas podemos voltar a ele e, para ter certeza da verdade, fazer todos os novos experimentos sobre esse assunto que considerarmos apropriados.

Não devemos esquecer, ao examinar os fenômenos luminosos, que os raios que nos fazem ver os objetos são os que nos atingem. Aqueles que se afastam nos são invisíveis. Assim, a escuridão parcial e relativa em um certo ponto, em vez de ser produzida pela ausência de raios solares, pode muito bem ser apenas um efeito do defeito de reflexão daquele ponto em direção aos nossos olhos.

Os físicos explicam os pontos ou faixas escuras que se formam em alguns experimentos, pelo encontro em direções opostas das ondas de luz, que se neutralizam e produzem o resto. Parece-me que, em um meio eminentemente elástico, como se supõe o éter, o encontro das ondas opostas, ao invés de produzir o resto, deveria precipitar o fluido em uma nova rota determinada pelo choque. Nesse caso, o ponto de encontro, longe de ser escuro, seria luminoso ao contrário, porque ali se formaria um inchaço do qual as ondas iriam brotar mais numerosas em direção aos nossos olhos[26].

Podemos explicar a formação das cores dizendo que os corpos parecem brancos quando também devolvem ondas de todos os tamanhos, que parecem pretos quando as extinguem deixando-as penetrar, ou quando as devolvem de forma que haja discordância entre elas, e consequentemente destruição do movimento, e que finalmente, as outras cores resultam dos efeitos intermediários que destroem certas ondas e devolvem outras.

Essa explicação me parece insatisfatória. Não vou parar para discutir isso, porque acredito ter estabelecido suficientemente que a existência do fluido etéreo em que se apoia é uma suposição quimérica. Devo ressaltar, no entanto, que o movimento dos raios solares não é destruído pela penetração nos corpos, uma vez que os aquece, e que estes irradiam calor, na proporção direta dos raios que absorveram. As ideias de destruição do movimento são aplicáveis apenas aos movimentos comunicados. Quanto aos movimentos primordiais, eles são um elemento de coisas tão indestrutíveis quanto a matéria[27].

Examinando os efeitos da luz separada do calor[28], reconhecemos que ela toca os corpos imaterialmente com tal delicadeza que, sem órgãos de primorosa sensibilidade (como o dos nossos olhos), seria impossível controlá-la. O calor, ao contrário, carrega o movimento na matéria. Ele age materialmente e às vezes com tanta violência que os agregados mais sólidos são destruídos.

A luz, em outras palavras, o movimento elementar, é um dos princípios da natureza e, quando é substituída por uma hipótese, essa hipótese deve ser encontrada em todos os lugares. Também todos os fenômenos de magnetismo, galvanismo e eletricidade são atribuídos ao fluido etéreo.

[26] Também me parece que os anéis alternadamente brilhantes e escuros que se formam na experiência em questão seriam móveis se fossem o resultado das ondulações de um fluido, porém são fixos.

[27] É errado confundir o impulso recebido com o movimento. Impulso não é movimento, mas um efeito que produz no corpo.

[28] A luz que a Lua reflete é um exemplo.

Já mencionei anteriormente que os fluidos incoercíveis só manifestam sua existência por meio do movimento. Tudo indica que o movimento é de sua essência, já que não podemos separá-los dele. No entanto, contra a natureza das coisas, supomos que sejam movimentos comunicados. Parece que os movimentos primordiais assustam a mente, e qualquer pesquisa sobre o assunto é considerada inútil.

Sem dúvida, o movimento em si é mais difícil de apreender do que os impulsos que os corpos recebem dele. No entanto, esses impulsos provam o movimento como um efeito prova sua causa, pois não se pode buscar a origem dos movimentos comunicados sem ser levado à necessidade de admitir movimentos primordiais. Estes, na hipótese do fluido etéreo, seriam as vibrações assumidas no Sol. Mas a luz artificial apresenta os mesmos fenômenos, e é perceptível que os raios que ela espalha estavam previamente combinados no corpo que foi posto em combustão[29].

É reconhecido hoje que o magnetismo, o galvanismo e a eletricidade têm uma causa comum conhecida como eletromagnetismo. Direi uma palavra sobre eles, considerando-os coletivamente.

Vários fenômenos magnéticos estão intimamente ligados à presença do Sol e recebem a influência de seus diferentes aspectos[30]. A ação desta estrela aumenta a intensidade das correntes magnéticas e serve para explicar as variações diurnas e anuais da agulha magnética[31].

Quanto ao galvanismo, ele apresenta um grande número dos fenômenos que nos oferecem os corpos vivos, e verificamos que as mudanças de temperatura são suficientes para fazer com que os corpos assumam diferentes estados galvânicos.

Todas essas observações deveriam ter levantado a suspeita de que os raios solares entraram na formação do eletromagnetismo, tanto mais que seus fenômenos, assim como os da luz, são conhecidos apenas pelo movimento.

Na verdade, o fluido eletromagnético é uma mistura formada pela união dos raios do Sol com o nosso globo. É

[29] Os físicos não dizem se as vibrações leves da combustão são da mesma natureza que as do Sol, ou por que os corpos se destroem ao produzi-las, enquanto o sol parece indestrutível.

[30] Usando os raios solares violetas, conseguimos recentemente magnetizar uma agulha na Inglaterra.

[31] Admitimos correntes circulares de leste a oeste em torno do eixo magnético. Isso não explica por que e como os eixos magnéticos ou galvânicos são formados. A Terra gira de oeste para leste e sua rotação provavelmente se deve à sua forma, ao movimento de que se apropria e ao impulso que recebe com a chegada dos raios solares.

a porção do movimento elementar do qual a Terra compõe seu movimento particular: é de certo modo sua vida, pois a vida dos seres animados é também apenas a porção do movimento que seu organismo individualiza. Isso explica a identidade de vários fenômenos que nos são oferecidos, tanto pelo galvanismo quanto pelos corpos vivos.

Sem dúvida, só os seres destinados a crescer e perecer possuem a vida propriamente dita, e a Terra não vive neste sentido. Mas, como os seres vivos, ele forma seu movimento individual a partir da porção do movimento elementar de que se apropria e que sempre exala em igual quantidade. É por isso que seu movimento e calor são os mesmos o tempo todo.

Os raios solares se desviam de seu caminho e se curvam para vir e buscar a Terra. Eles, portanto, têm uma espécie de afinidade eletiva com a matéria, uma tendência a se unir a ela. Suspeito que seja essa tendência que, então agindo materialmente nos corpos, produz entre eles o que se chama atração[32].

Entende-se que a forma de ocupação do espaço deve ser relativa à natureza das substâncias. O movimento elementar, por exemplo, não tem nada de material e não ocupa o espaço no mesmo sentido que a matéria. Nesse sentido, ela se aproxima da ação do pensamento[33]. E é por isso que ele pode unir alma e corpo quando o organismo formou a vida humana a partir deles.

Vou limitar aqui meu estudo das teorias adotadas na física. Está ligado ao sistema geral do universo, que explicarei antes de tratar do homem em particular.

O livro da natureza está aberto a todos os olhos. Mas, para lê-lo com sucesso, é preciso libertar-se de toda prevenção, e a ciência também pode ter a sua. A sua incredulidade, que nos livrou de tantos erros, por vezes rechaça,

[32] Veja sobre este assunto o que eu disse sobre a formação da elasticidade dos sólidos. Os físicos reconhecem que a coesão que une suas partes é produzida por um tipo especial de atração, e acredito que essa atração resulte da combinação dos raios solares nos sólidos.

[33] O movimento elementar atravessa o espaço em vez de ocupá-lo. Afirmou-se que a alma tinha necessariamente uma extensão material, visto que agia sobre a matéria: não sei, admito, o que são as relações que podem ligar a essência das criações. Mas o que sei é que o movimento atua sobre a matéria, embora não haja nada de material sobre isso.
Sem dúvida a vontade faz com que o corpo se mova, porém o ponto de contato não é imediato: veremos mais tarde que a união se faz por intermédio da vida, e talvez encontremos alguma analogia entre o movimento elementar que o compõe e o atividade de pensamentos.
Além disso, a inteligência humana me parece circunscrita ao exame dos efeitos, e não pretendo penetrar na essência dos princípios mais do que na natureza de Deus.

com demasiado desdém, o exame do que lhe parece impossível. Porém, como eu disse antes, quando um fenômeno é observado, se a causa da relutância é desconhecida, é sempre culpa da ciência. Na física, as altas teorias ainda são incertas, mas o gênio do homem nunca se mostrou mais brilhante do que no estudo das propriedades dos corpos. Os eruditos analisaram tudo com admirável cuidado, mas suas pesquisas laboriosas não descobriram nada de satisfatório em relação aos elementos. O método até agora seguido talvez tenha contribuído para o fracasso de tantos esforços honrosos.

Este método é o da análise. Tentamos reconhecer os elementos decompondo os corpos e apenas reduzimos a dificuldade. Pois cada decomposição produziu novas combinações, de modo que a simplicidade dos princípios sempre escapou. E como alguém poderia ter reconhecido esses princípios e os apreendido no fundo das coisas, uma vez que, no estado presente, a matéria é inseparável do movimento, e uma vez que, por sua natureza, o movimento elementar é materialmente evasivo? O trabalho de todas as decomposições resultou necessariamente na liberação do movimento que escapou imediatamente, sem jamais conseguir expor a matéria. Assim, ficava-se na impossibilidade de estudar os elementos em si mesmos, e tudo o que se podia aprender era reconhecer as propriedades dos corpos que havia apreendido.

Essas propriedades (as únicas úteis no uso) também são necessariamente compostas, pois ocorrem na formação das misturas pela união das propriedades elementares que aí se combinam. Portanto, é óbvio que os compostos não podem ter propriedades simples, enquanto, pelo contrário, um elemento nunca oferece propriedades compostas. Porém, quando os estudiosos, apressados pela necessidade de explicar, imaginavam os elementos que não podiam descobrir, sempre lhes atribuíam algumas das propriedades que haviam observado no corpo. Tal é a origem do fluido etéreo, de sua elasticidade, de suas vibrações e de suas ondas, fenômenos que só os compostos podem oferecer, porque se devem à combinação do movimento com a matéria[34].

A análise sem dúvida prestou grande serviço no estudo das propriedades dos corpos, mas atrevo-me a asse-

[34] Pode-se ver nas páginas 6 e 7 que a elasticidade, tanto nos fluidos quanto nos sólidos, se deve à presença do calórico, ou seja, à união do movimento com a matéria.

gurar que na física, em relação às altas teorias, as luzes instintivas do homem também a teriam direcionado. Elas o teriam ensinado a não confundir as emanações da estrela do dia com matéria. Ele teria reconhecido, estudando o curso dos raios solares, que se combinavam para formar árvores e plantas, e que a luz emitida pela combustão das plantas era apenas uma liberação daquela que havia se combinado em sua formação. Em vez disso, pensamos que poderíamos adivinhar a natureza dividindo-a: os sábios se fizeram criadores para explicar os fenômenos da luz e, cobrindo tudo com o nome de matéria, formaram um véu sob o qual a verdade permanece despercebida[35].

O sonambulismo magnético, através de uma série de experiências que se apresentaram sem que eu as tivesse procurado, deu-me os meios para levantar este véu[36]: ele me ensinou a existência do movimento elementar e me levou a reconhecer que a vida nada mais era do que um movimento individualizado. Minha pesquisa sempre teve o homem como seu objeto principal, mas me concentrei muito mais nas observações fisiológicas e psicológicas do que na arte de curar. A medicina também criou várias teorias, sucessivamente aceitas e abandonadas, mas, como a física, seus verdadeiros direitos à confiança pública consistem em uma longa série de observações admiravelmente feitas. Talvez a descoberta do magnetismo animal ajude a esclarecê-lo um dia.

Em uma obra composta de certa maneira ditada pela natureza, e sem outro auxílio senão a observação, é difícil que eu nunca tenha me perdido. Mas se o objetivo do meu trabalho parece importante, é necessário retificar os erros, e não apressar-se a mergulhá-lo no esquecimento. Publiquei um resumo dele em 1818, sob o título de *Mémoire sur le magnétisme animal, présenté* à l›académie de Ber-

[35] A palavra matéria, inicialmente imaginada para distinguir entre o físico e o mental, acabou invadindo tudo e, consequentemente, confundindo tudo. O abuso das palavras engana o julgamento, pois servem para revestir os pensamentos, de modo que o mesmo nome, dado a elementos diferentes, lembra à mente as mesmas propriedades, ou pelo menos propriedades análogas. Os corpos variariam apenas pelo seu volume, se a natureza não contivesse vários princípios que combinam de várias maneiras. Como, você me dirá, o movimento, que não é material, age sobre a matéria? Para resolver esta questão, seria necessário conhecer as relações que ligam a essência das criações entre si, o que não é dado à inteligência humana. Limitemo-nos a reconhecer que o movimento atua sobre a matéria e a observar os fenômenos que sua união produz.

[36] Lamento não poder colocar essas experiências diante dos olhos do leitor, mas é-me impossível recomeçar com ele o caminho que percorri. No entanto, ele encontrará, no decorrer deste trabalho, fatos suficientes para fixar sua opinião.

lin[37]. Eu esperava que ele chamasse a atenção de alguns estudiosos e confiei em suas luzes para explicar o que eu estava apenas indicando. Minhas expectativas foram frustradas, e o panfleto desapareceu ignorado. O livro que estou redatando no momento pode ter o mesmo destino. Mas também pode abrir a mente de alguém para novas ideias e levar a descobertas importantes.

O estudo da natureza parece-me não requerer nem os esforços de um gênio, nem as luzes de uma mente superior. Às vezes, para fazer descobertas, basta descartar qualquer prevenção e trazer um bom senso e atenção constante às suas observações. É o que acredito ter feito. Devo a maioria das explicações que dei aos fenômenos do sonambulismo magnético. Eles se tornaram para mim um meio de investigação que, até agora, a ciência parece não ter possuído.

[37] N. T.: "Memórias sobre magnetismo animal, apresentado na academia de Berlim"

Segunda Parte

Visão do sistema geral do Universo

O movimento e a matéria

Disse Descartes: penso, logo existo. Ele poderia ter dito também: sinto, logo existo. Na verdade, nossos sentimentos e pensamentos são a única prova que temos de nossa existência e do universo.

Sentir é saber que se experimenta sensações. Pensar é compará-las. Assim, sensibilidade e inteligência são duas faculdades inseparáveis por natureza. Elas nos revelam, no homem, a existência de um ser indivisível, que recebe as sensações e as compara. Este ser nós chamamos de alma. Não possui nenhuma das propriedades da matéria, e suas faculdades diferem essencialmente dela. O corpo humano, ao contrário, goza de todas as propriedades materiais e tem um organismo particular que um movimento interno constrói. Chamamos vida a causa de seu desenvolvimento. A vida une alma e corpo ao produzir no organismo uma série de fenômenos que examinaremos em outro momento.

A existência do homem na terra apresenta, portanto, a quem quer estudá-la, uma divisão natural: alma, vida e corpo.

A alma é um ser simples, pois é comparando as sensações entre si na unidade do seu ego que adquire todo o seu conhecimento. Quanto ao corpo e à vida, são compostos. Para conhecê-los bem, é necessário recorrer aos elementos que os constituem.

Quando buscamos retornar à origem das coisas dessa maneira, o pensamento de um criador se oferece naturalmente às nossas meditações. O homem, impressionado pelo espetáculo que o universo desdobra a seus olhos, se pergunta quem pode ser o autor de tantas maravilhas. Ele sente que o acaso cego não pode produzir os movimentos regulares e periódicos das estrelas. A ordem e a imensidão das obras supõem uma inteligência infinita unida a um poder ilimitado. A razão a reconhece e o nosso coração, de acordo com ela, eleva-se ao seu autor e assim proclama a existência de Deus: a alma humana sente que a sua felicidade é adorá-lo[38], admira-o na criação e julgando a divindade pelas faculdades que a tornam conhecida, a vê como a bondade e a inteligência supremas.

Essas são nossas noções da natureza de Deus. A razão ainda nos diz que só ela é infinita, mas não nos ensina o que é infinito. Porque em todas as coisas, esta palavra é apenas um nome dado aos limites de nossas concepções. É um abismo que não podemos atravessar e do qual temos apenas uma ideia negativa.

As maravilhas da criação revelam à fraqueza humana o que ela pode conceber da imensidão do criador. Que homem, no meio de um belo dia, contemplará sem admiração a majestosa unidade do Sol, este centro de vida e luz? Que homem, no silêncio das noites, levantará o olhar para esta multidão de estrelas cujos raios nos atingem, sem ser atingido pela ordem invariável que rege esta criação sem fim? Ao ver a quantidade prodigiosa de sóis brilhando no espaço, a imaginação fica apavorada com a quantidade daqueles que estão ocultos de nós pela fraqueza de nossos olhos. O pensamento se perde na imensidão da criação, e a alma, oprimida pela presença do infinito, não se encontra mais e parece aniquilada diante deste grande espetáculo. Para sair desse estado de anulação e julgar que ainda há algo, o homem que vem contemplando o universo, para escapar do seu próprio olhar, precisa se elevar em direção a quem lhe deu sentimento e pensamento. É adorando, com todo o seu ser, o ser infinito que o criou, que o homem, pleno das suas nobres faculdades, sente que está sempre na presença da divindade e reconhece que a maravilha da criação dos globos não é nada tão sublime quanto a criação da alma humana.

Na verdade, as estrelas privadas de inteligência são, em suas corridas eternas, apenas testemunhas insensíveis do poder que as criou. A alma humana, ao contrário, poderosa e livre em sua vontade, desfruta de si mesma e dos outros. Ela abraça a imensidão em seu pensamento e possui seus semelhantes por meio de seu amor e o próprio Deus por meio da adoração. A fonte de poder está inteiramente na vontade. A matéria, qualquer que seja sua mas-

[38] É o sentimento do amor de Deus que nos leva a buscar a prova de sua existência na contemplação do universo.

sa, cede sem resistência, e se as leis da natureza nos prendem apesar de nós mesmos, é porque são responsáveis por cumprir eternamente a vontade de Deus manifestada pela ordem da criação.

Criar é fazer algo a partir do nada. Formar é dar uma nova aparência às substâncias já criadas. As estrelas são criações. Mas os corpos que se destroem incessantemente e renascem apenas mudam as formas que os elementos anteriormente existentes haviam assumido. Deus criou nossas almas e formou nossos corpos, por isso estes perecem, enquanto nossas almas são imortais. Quanto à vida individual, ela é apenas uma espécie de forma que cada organismo imprime no princípio que a anima.

Se examinarmos o sistema planetário, onde a Terra está localizada, o Sol primeiro atinge nossos olhos e chama nossa atenção. Único e fixado no centro do universo que governa, parece não receber nada, enquanto derrama constantemente ondas de luz sobre os planetas que circulam ao seu redor[39]. Este espetáculo deve convencer o observador de que as estrelas destinadas a papéis tão diferentes não podem ser da mesma natureza. Na verdade, as funções das estrelas são determinadas pelo poder de suas propriedades elementares, e a diferença de algumas é a consequência necessária da diferença de outras. Devemos, portanto, reconhecer que o Sol e a Terra não são compostos dos mesmos elementos. Portanto, deve-se começar admitindo dois princípios diferentes nas criações físicas. Partindo dessa base, minha primeira pesquisa terá como objetivo determinar quais são as principais propriedades dessas duas substâncias primitivas. Para conseguir isso, examinarei os próprios raios solares, a Terra e os efeitos que eles produzem nela.

A voz da natureza nos indica o Sol como fonte de movimento, vegetação e vida. O homem sente isso por si mesmo e reconhece em tudo o que vê ao seu redor. Sabemos, mais ou menos da mesma forma, que a Terra forma a base da consistência dos corpos. Pois eles crescem em sua superfície e retornam a ela como a poeira que eles haviam tomado emprestado. Nossas noções instintivas, portanto, nos levam a pensar que o Sol contém o princípio do mo-

[39] O sol parece não receber nada dos planetas. Mas, na realidade, eles devolvem o movimento para ele depois de usá-lo. Suspeito que essa seja a causa do acúmulo de eletricidade nos pólos e do balanço da Terra em seu eixo. É também a esta causa, e à da partida dos raios, produzida nas estrelas fixas por uma espécie de aspiração e expiração, que se devem as cintilações que nelas se notam.

vimento, e a Terra a fixidez das coisas. Na verdade, vemos movimento em todos os lugares, acompanhando a luz e crescendo com ela. Daí a agitação do dia e a calmaria das noites. Também o despertar da natureza na primavera, quando a abundância do Sol desenvolve a vegetação e a vida. E também a esterilidade dos pólos e seu gelo eterno, devido à sua distância das influências da estrela do dia. Para essas observações gerais, junta-se por todos os lados uma multidão de observações particulares, que nos repetem constantemente que o Sol é o produtor do movimento e que a Terra ficaria sem ele em repouso absoluto.

Na verdade, Deus colocou no centro de cada universo uma estrela motora, cujo movimento sempre se espalha igualmente pelos planetas sujeitos à sua influência. É o ponto em que tudo se baseia, a tocha do universo, o princípio da atividade geral e, na ordem física, a imagem da divindade[40]. Os raios que o Sol nos envia viajam em oito minutos e trinta e quatro milhões de léguas. Essa velocidade prodigiosa se aproxima da dos movimentos da inteligência. Deveria ter levantado a suspeita de que os raios solares formavam o elemento da vida. Elusivos como o pensamento, quase tão rápidos quanto ele, sem gravidade e sem forma, eles têm em comum com a matéria apenas a faculdade de agir que eles emprestam à nossa alma, compondo a vida humana.

O movimento é a essência da luz. Além disso, sua velocidade nunca diminui e vemos que reaparece da mesma forma quando emerge das combinações que o ocultaram. Essas combinações podem ser classificadas em três classes relativas à degradação do movimento: fluidos, líquidos e sólidos. A Terra fornece a base para a fixidez e consistência dos corpos. É essa substância que chamo de matéria. É impossível, no estado atual, libertá-lo inteiramente do movimento. Mas a experiência prova que a densidade e a fixidez dos corpos diminuem quando o movimento aumenta, e aumentam quando diminui[41]. Podemos julgar por isso que o descanso é da essência da matéria.

Os raios do Sol nos oferecem movimento elementar sem mistura de materialidade. Este movimento livre pro-

---

[40] Acreditava-se indicar a causa da trajetória dos planetas, dizendo que Deus havia lançado esses globos no espaço em uma linha tangente ao círculo que eles descrevem. Esta suposição de um fato impossível de verificar não é satisfatória. Até me parece que a força impulsiva, não se renovando, acabaria cedendo à força atrativa que se reproduz incessantemente.

[41] É assim que o calor liquefaz sólidos e vaporiza líquidos, enquanto o frio solidifica os líquidos.

duz a luz do dia, mas temos alguma dificuldade em concebê-la em si. Parece-nos que onde falta o material não deve sobrar nada. De modo que, para reconhecer a existência do movimento, precisamos, por assim dizer, apreendê-lo materialmente no impulso que dele recebem os corpos[42]. Pelo contrário, concebemos facilmente o repouso absoluto nos corpos, embora o estado atual do globo não o ofereça em parte alguma. Na verdade, uma vez que os raios do Sol se combinam com os da Terra, nenhuma parte absorveu parte do movimento. No entanto, como o descanso é da essência da matéria, qualquer coisa material nos dá a ideia de fixidez. E não importa o quão inquietos estejam os corpos, o pensamento sempre pode trazê-los de volta ao descanso. Não podemos imaginar o repouso na luz dessa maneira, porque ele é produzido pelo próprio movimento dos raios solares em liberdade. Chamamos de "visão" a sensação que os raios solares nos dão quando atingem nossos olhos, e "calor" aquela que sentimos quando entram em nosso organismo.

Os raios do Sol não são materiais. Para serem vistos, eles precisam encontrar órgãos de sensibilidade extremamente delicada e de tal conformação que os possam unir em um centro[43]. Nossos olhos nos servem para esse propósito. Esses raios assumem a forma dos objetos que tocaram e pintam suas imagens na retina. Podemos imaginar que o movimento elementar, ao trazer assim de volta aos nossos olhos as impressões obtidas nos corpos circundantes, deva dar-nos a sensação das suas figuras e das suas respectivas situações.

Ver é, portanto, sentir o movimento elementar em liberdade e, por meio dele, tocar os objetos que ele mesmo tocou. É um tocar imaterial, porque a luz não tem nada de material. O sentido da visão é o único afetado de forma puramente imaterial. Além disso, multiplica tanto nossas sensações, e leva nossa existência tão rapidamente e tão longe, que é de certa forma espiritual[44].

Os raios de luz, ao traçarem as imagens dos objetos em nossos olhos, nos dão a sensação de suas respectivas

[42] Os impulsos dos corpos são produzidos pelo uso do movimento. Esses acidentes não devem ser confundidos com o movimento em si. Esses são os efeitos dos quais ele é a causa.

[43] Se pensarmos na extrema rapidez dos raios solares, concebemos a velocidade com que vemos os objetos.

[44] O movimento é uma criação intermediária entre a alma e a matéria. Quem entende bem o movimento em si, terá dado um grande passo para conceber a espiritualidade. Devíamos ter notado, pela rapidez das sensações que a luz nos dá, que era impossível o meio que as comunica ser material.

cores. Porque as cores existem tanto nos corpos quanto na luz. Na verdade, o que chamamos de cores é apenas uma modificação no movimento elementar, e é esse movimento que colore a matéria enquanto nela se fixa. Além disso, quanto mais ação o sol exerce sobre a natureza, mais vivas e brilhantes são as cores que ele oferece aos nossos olhos[45].

Os raios solares nos iluminam enquanto sua expansão continua ao nosso redor. Mas assim que eles se envolvem no assunto, eles são retidos lá, e o claridade cessa[46]. O retorno à escuridão não é causado pela ausência de raios solares, mas pela cessação de sua expansão.

Na verdade, quando o Sol abandona nosso hemisfério, suas emanações não nos alcançam mais. Uma parte se refletiu, a outra se combinou com a Terra, de modo que a expansão cessa e a noite espalha seu véu.

O oposto acontece enquanto o Sol aparece em nosso horizonte. Pois novas emanações seguem umas às outras sem interrupção, e assim continuam a expansão e o dia.

As noites são menos escuras quando há calor, porque uma parte dos raios solares emergem constantemente das combinações aéreas e terrestres, e mantêm em torno de nós um resto de expansão imperceptível em seus detalhes, mas perceptível como um todo[47]. O meteoro chamado estrelas cadentes ainda é apenas a liberação repentina de luz contida em excesso em uma combinação atmosférica. O raio elétrico tem a mesma origem, assim como qualquer luz, qualquer que seja o corpo do qual escapa.

Na verdade, o princípio luminoso é o mesmo em todos os lugares. O Sol é sua única fonte, e a combustão dos corpos só libera os raios que se combinaram com eles, para reproduzi-los aos nossos olhos.

Uma árvore, por exemplo, crescendo em tamanho,

[45] Os raios de luz, qualquer que seja sua cor particular, transmitem aos nossos olhos as cores dos corpos que tocaram. Eles são, portanto, até certo ponto, propensos a levá-los todos. Ilumine, por exemplo, um corpo amarelo com raios vermelhos: eles vão te enviar a cor amarela, mais a cor vermelha. Talvez as cores da luz e os sons do ar sejam apenas um acidente do movimento elementar.

[46] Os raios solares são refletidos ou absorvidos com uma velocidade igual àquela com que nos atingem. De forma que o momento de escuridão é indivisível a partir do momento em que a chama se apaga. E seria necessário mais de cem reflexões para absorver o movimento em expansão. Elas são feitas muito antes que nossas sensações possam nos alertar.

[47] O que chamamos de calor é a agitação produzida na matéria pelo movimento que nela está envolvido e ainda não combinado. Deve, portanto, ser frequentemente, e talvez sempre, acompanhado de liberações luminosas, mas em quantidade muito pequena para que nossos olhos sejam sensíveis a ele.

combina diariamente em sua substância os raios solares e a matéria. Ao queimá-la posteriormente, desunimos os princípios que sua força vegetativa havia reunido, e os raios solares, se expandindo, fazem sua luz explodir novamente. Acender uma lâmpada é, de certa forma, formar um sol artificial, dando um novo ponto de partida aos raios contidos no óleo. Os mesmos resultados são obtidos de vários gases e de um grande número de substâncias. Porque as emanações da estrela do dia se combinam com toda a natureza.

Dividindo os mistos e recompondo-os, certificamo-nos dos elementos que contêm. Sentimos os raios solares aquecerem a terra ao nosso redor e se unirem aos vapores que exalam. À medida que seguimos então o trabalho da vegetação, é fácil para nós vê-los, por assim dizer, entrar na formação de árvores e plantas. E, quando a combustão decompõe as plantas, a luz que delas emana nos prova que continham os raios solares em estado de combinação. É o mesmo com animais e minerais.

Acabamos de ver que a luz surge da expansão do movimento elementar na liberdade. Examinarei agora os efeitos que ela produz ao se unir à matéria.

Quando os raios solares se unem ao corpo, eles são primeiro retidos entre suas moléculas que agitam. Essa inquietação é o que chamamos de calor. Acompanha a destruição e precede a formação do misto. Ele se equilibra e se comunica, pois o movimento engajado no material, se estende até que se combine ou escape.

Pode acontecer que a ação dos raios solares, no misto, de repente se torne mais forte do que a resistência que a união formada oferece. A luz então estoura e o misto é destruído pela combustão espontânea. Qualquer que seja a causa da combustão, além disso, tão logo tenha começado em uma parte, ela age passo a passo, e pode ser suficiente para causar a destruição do todo. É assim que conseguimos consumir corpos inflamáveis.

Quanto mais o movimento elementar está fortemente unido à matéria, na formação dos mistos, mais difícil é separá-lo. Se essa união for perfeita, como nos metais, parece-nos indestrutível e as mistos indecomponíveis. Pelo contrário, a facilidade que os corpos têm de se inflamar é em proporção direta à fragilidade da união que os raios solares ali formaram.

O movimento liberado pela combustão também atua

precocemente nos corpos circundantes para se combinar novamente com eles, de modo que toda combustão necessariamente produz calor.

Devemos luz e calor aos raios do Sol. Mas há uma grande diferença entre eles, porque o primeiro é o efeito da expansão do movimento fora da matéria, enquanto o segundo resulta da agitação que o movimento produz na matéria. Conclui-se que quanto menos matéria os raios solares encontram, mais vívida e brilhante é a luz que eles espalham. Ao passo que, ao contrário, o calor cessa quando falta a matéria. Isso é o que se experimenta gradualmente nas altas montanhas, à medida que nos afastamos da terra. Se alguém atinge uma grande elevação, a luz se purifica e a visão se expande. Mas o frio se torna excessivo. É certo que acima de três mil metros a neve não derrete mais, mesmo durante o verão e nos trópicos, onde os raios solares chegam perpendicularmente e espalham a luz mais viva. Basta, portanto, separar os raios solares do calor que eles produzem, para isolá-los das emanações terrestres. É o que se consegue ao criar um vácuo sob o recipiente da máquina pneumática, e o que acontece naturalmente além do ar atmosférico[48].

Alguns corpos, em combustão, emitem mais luz e outros, mais calor. A luz cresce devido ao número e à pureza dos raios que se libertam. Quanto mais material na expansão é liberado, mais brilhante a luz é. Mas a ação do movimento, para penetrar nos corpos, nem sempre segue o mesmo curso. Ele é modificado por uma série de circunstâncias, e é isso que dá origem ao calor. Este último não é acompanhado de luz, enquanto o movimento que o causa é retido no material[49].

Vemos, pelo que acabei de dizer, que luz e calor não são substâncias distintas, mas efeitos diferentes produzidos pelo movimento elementar. Não vou me alongar mais sobre esses dois primeiros fenômenos. A explicação que dei me parece satisfatória e, se restasse alguma dúvida, o exame e a experiência as sanariam.

O Sol e a Terra compartilham a natureza. Um forma a consistência dos corpos, o outro lhes dá movimento. Estamos rodeados apenas por mistos produzidas pela união

[48] Por esta razão, a combustão espalha menos calor em locais muito altos, como foi observado no Tibete.

[49] Às vezes, o calor aumenta quando a combustão envolve muitas moléculas de material. Um fogo escuro, como o do carvão, emite mais calor do que um fogo brilhante. Será porque esse fogo materializa a ação do movimento elementar sobre os corpos circundantes?

desses dois primeiros princípios. Suas variedades são inúmeras. Mas, como já disse, podemos, no que diz respeito à degradação do movimento, classificá-los em três classes principais: fluidos, líquidos e sólidos. Nos fluidos, o movimento mantém a matéria em solução, agita-a e divide-a, a ponto de muitas vezes ser difícil reconhecer sua presença. Nos sólidos, ao contrário, a matéria domina e o movimento é tão absorvido que escapa às nossas sensações. Quanto aos líquidos, eles estão em um estado intermediário. Um pouco mais de movimento os vaporiza, um pouco menos os solidifica.

O primeiro misto que os raios do Sol formam ao se combinarem com a Terra é um fluido motor, conhecido na física com o nome de eletromagnetismo (assim chamado por causa dos fenômenos apresentados pelo magnetismo, eletricidade e galvanismo). O fluido eletromagnético é a parte do movimento elementar a partir da qual a Terra formou seu movimento particular. É o tipo de vida dele. Ele atravessa todos os corpos que contém e que são apenas combinações secundárias.

Para quem está convencido de que o Sol é a única fonte de luz, é óbvio que o fluido elétrico é uma mistura onde as emanações da estrela do dia dominam. O movimento dissolve a matéria neste composto a tal ponto que apresenta às nossas sensações a ausência de repouso, como uma pedra nos oferece a ausência de movimento. Porém, embora seja difícil calcular a velocidade do fluido elétrico, percebe-se que ela está longe de ser igual à da luz[50]. Este fluido contém em si algo áspero e imperfeito, causado pelo atrito dos dois elementos que o constituem, enquanto que a progressão dos raios solares é feita com tanta facilidade que não se percebe a possibilidade de um esforço. Tudo é movimento.

A faísca elétrica apresenta o mesmo fenômeno da combustão: é produzida pela expansão dos raios solares, que emergem da mistura que os ocultava.

Não temos como captar a luz, porque todos os nossos meios de agarrar são materiais, e a luz não. Mas o fluido elétrico é o produto de uma combinação. Materialmente

[50] Pode-se presumir que o movimento do fluido eletromagnético tem uma velocidade de cerca de 23.000 léguas por hora. Pois tal é mais ou menos o que ela apresenta na terra. Não devemos esquecer que o fluido eletromagnético é um misto e que tem ação material sobre os corpos. Que, consequentemente, pode quebrá-los violentamente, enquanto os raios solares nada têm de material, e se limitam a comunicar o movimento à matéria, unindo-se e combinando-se com ela.

oferece alguma aderência, e pode-se agarrá-lo colocando-o em um tubo de vidro. Veremos então a luz escapando em proporção à liberação dos raios solares. Agitar o tubo ativa o experimento[51].

Seres organizados destinados a crescer e destruir-se sozinhos possuem vida própria. No entanto, existe uma grande analogia entre os fenômenos da vida individual e aqueles apresentados pelo fluido eletromagnético. A Terra o forma captando o movimento elementar que o Sol envia a ele. Circula internamente no globo e aí se fixa em uma infinidade de combinações. A matéria, penetrada pelas emanações da estrela do dia, exala o ar atmosférico, como uma espécie de transpiração que a envolve.

O homem também se apodera do movimento elementar. Mas é decompondo o ar atmosférico que ele respira para formar sua vida individual. A vida então circula com o sangue e se instala no organismo, nutrindo nossos sólidos. O calor que formamos, por sua vez, produz uma exalação vaporosa, onde o corpo fica imerso.

Se a Terra retivesse todo o movimento que a envolve, ela se acumularia e logo dissolveria a matéria. Mas ela o absorve e exala em quantidade igual, de modo que sua atividade é sempre a mesma. O mesmo acontece com o corpo humano saudável. Porque o jogo do organismo renova e consome a vida nas mesmas proporções.

A Terra recebe movimento elementar, principalmente entre os dois trópicos, e suspeito que depois de desgastada, ela se livra através dos polos. Esta pode ser a causa da Aurora Boreal e do aumento de eletricidade que é perceptível nessas áreas. Também pode ser o da oscilação do globo sobre o seu eixo[52], pois todos os movimentos da Terra são devidos aos raios que recebe do Sol. O impulso que sua chegada lhe dá e a agitação interior que ali produzem podem explicar sua rotação diária e sua rotação anual.

A atração manifesta nos corpos um poder ativo que a matéria essencialmente inerte não pode transmitir a eles. Sem entrar neste assunto em dissertações que me levem muito longe, direi que a atração talvez seja produzida pela afinidade eletiva que se percebe entre o movimento e a matéria (os raios do Sol se inclinam para vir e encontrar a Terra). Esta afinidade adquire uma ação material nos

[51] O atrito destrói a combinação, e o movimento elementar, se expandindo, também produz luz.

[52] A direção da agulha magnética e a formação dos eixos magnéticos me parecem ter a mesma causa.

corpos, consequentemente tende a uni-los, e aumenta na proporção composta de sua massa e sua distância[53]. Além disso, sabemos que o ímã e o fluido elétrico atraem o ferro e muitas outras substâncias. E o ímã, o galvanismo e a eletricidade são apenas modificações do movimento da Terra, cuja formação acabei de explicar.

Deixo para os estudiosos a discussão das teorias que são usadas para calcular rigorosamente a trajetória de corpos celestes. A explicação da causa da atração não mudaria seus resultados e me afastaria do estudo da natureza humana que inicialmente me propus.

O ar atmosférico, como já disse, é a fonte comum onde cada organismo encontra o princípio de sua animação particular. A estrela do dia espalha seus raios sobre a matéria. Eles se envolvem e se combinam. As partes mais voláteis passam então ao estado gasoso e a Terra as exala como uma espécie de transpiração que a banha por toda parte.

Nesse estado de combinação, o movimento retido no misto aéreo não tem mais a expansão luminosa, mas mantém em todas as direções no ar uma circulação interior à qual devemos a propagação dos sons. Eu já expliquei este fenômeno lidando com o som. Não vou voltar a isso. Lembro que o ar é uma das primeiras e menos perfeitas combinações em que o movimento se une à matéria, e que era necessário que assim fosse, para que cada organismo pudesse, decompondo-o, formar a sua própria vida individual.

Na verdade, a vida nada mais é do que a porção do movimento elementar que cada indivíduo apreende, modificando-o de acordo com sua natureza, para torná-lo o motor particular de seu organismo[54].

O mecanismo orgânico consome o movimento elementar de que se apropria e o renova constantemente. Porque a essência da vida é gastar movimento e dar ao organismo que o recebe o poder de individualizá-lo novamente. É por esse poder e pelo desenvolvimento do organismo que distinguimos os seres vivos daqueles que o movimento geral atravessa sem ter uma vida individual.

Quanto mais perfeito o organismo, mais ele deve de-

[53] Vimos, na primeira parte, que a elasticidade dos sólidos se deve ao movimento elementar que eles contêm em estado de combinação. E os físicos reconhecem que essa elasticidade é um tipo especial de atração. A afinidade eletiva do movimento com a matéria merece, sob outro aspecto, a atenção do observador; porque é a origem de todas as afinidades químicas.

[54] A analogia entre vida e movimento sempre foi observada. Aqui estou explicando uma verdade instintiva. É o mesmo para muitas outras coisas, onde nada faço senão retomar o caminho do instinto que a ciência havia abandonado.

senvolver o princípio que o anima, de modo que a vida das plantas seja mais simples do que a dos animais, especialmente a do homem.

As plantas, pelo mecanismo de frutificação, e os animais, por sua união, contêm na sua menor parte uma centelha de sua vida, formando assim o princípio do movimento individual do novo ser. A vida transmitida então aumenta e se renova pelo próprio impulso que dá aos órgãos nascentes que a receberam. Este impulso os desgasta assim que atingem o ponto extremo de seu desenvolvimento, o que logo leva à sua destruição progressiva.

É à reprodução dos corpos vivos e à sua dissolução que atribuímos a ideia de nascimento e a de morte. Morrer é assim, para o reino animal como para o reino vegetal, apenas devolver à massa uma porção de matéria e de movimento previamente individualizada.

Esta verdade, percebida por quem confunde alma e vida, poderia conduzi-los ao sistema de uma alma universal, da qual cada alma particular era apenas uma emanação destinada a retornar à sua fonte. Podemos imaginar que assim seja com a vida, pois o organismo a consome e renova e, por isso, é apenas um movimento individualizado. Mas afirmar que a alma, essa unidade essencialmente indivisível, pode ser produzida por um fragmento de inteligência universal, que não seria nada se não fosse indivisível, é confundir todas as ideias para levantar um sistema que a razão repele.

Alguns homens viram, na natureza, apenas matéria e movimento. Os raios solares, ao formarem a vida, dão aos organismos que os recebem excitabilidade e irritabilidade[55]. Certas plantas, tal qual os sensitivos, se aproximam neste aspecto ao reino animal, do qual o homem constitui o último elo. Concluiu-se que sua sensibilidade era apenas uma irritabilidade aperfeiçoada e que os movimentos de seu cérebro produziam inteligência. É ter confundido o trabalho dos pensamentos com o poder do pensamento, tirar daí que a obra produz o trabalhador. Sem dúvida, a alma só pode usar essas faculdades nos órgãos do corpo. Tinha que ser assim para ela permanecer cativa e a terra aparecer para ela[56].

[55] Tudo o que diz respeito à contratilidade depende necessariamente da união do movimento com a matéria. Porque qualquer contração é um movimento. A elasticidade dos sólidos é devida a esta causa. Além disso, podemos ver, na primeira parte, que é formado pelo calórico que contém em estado de combinação.

[56] Veja, a seguir, o que digo quando falo da alma humana.

Os materialistas não explicam a unidade da inteligência. Pois supor que o movimento produz na matéria um ser único, inteligente e sensível, que compara e julga, não é admitir um efeito, é afirmar que a união do movimento com a matéria cria uma alma, isto é, um ser essencialmente diferente deles.

Sentir e pensar são as faculdades de nosso eu. Se refletíssemos sobre o trabalho de nossa imaginação, sobre esse poder da alma de separar sua sensibilidade do tempo e das circunstâncias em que o corpo está inserido, encontraríamos a prova de que sua existência não depende do físico. Sem dúvida, a alma saberá agir por si mesma depois de o ter abandonado, pois já terá criado regiões que são estranhas ao corpo.

Os movimentos da fisionomia fornecem uma nova prova disso. Na ordem natural, todas as emoções interiores passam a ser expressas no rosto e essas imagens físicas de nossos sentimentos são tanto mais expressivas quanto a flexibilidade das características as atendem mais adequadamente. Nossa vontade pode, no entanto, modificá-los e mesmo substituí-las por uma expressão contrária. Daí vêm esses traiçoeiros jogos de fisionomia, mais perigosos talvez do que as mentiras ditas pela boca. Seria impossível ao homem separar assim a fisionomia do seu corpo da da sua alma, se a sua existência na terra não reunisse dois seres diferentes. O que fazemos quando damos às nossas feições uma expressão contrária aos nossos sentimentos? Separamos o estado de nosso ser mental daquele de nosso ser físico. Portanto, é evidente que eles são distintamente dois, e não devemos confundi-los, pois uma vez sua natureza não sendo a mesma, eles necessariamente se dividirão tão logo deixem de encontrar o meio que os une. Esse meio de união é o movimento elementar. Forma a vida, e vimos que assim confere à nossa alma a propriedade que possui de agir sobre a matéria[57].

Acreditava-se que o princípio da sensibilidade havia sido descoberto estudando-o na formação dos órgãos. Teríamos começado pelos animais que menos tinham, para

[57] A vida recebe o impulso da vontade e o transmite aos órgãos que ela anima. Explicarei os detalhes desse mecanismo mais tarde. Além disso, a morte acaba com a duplicidade de nossa existência na terra. A alma, restaurada à simplicidade do seu ser, tem apenas uma fisionomia, já não a pode esconder. Se ela ainda engana, é nos pensamentos dela. Mas é impossível para eles enganar a natureza de seus sentimentos. Esta particularidade do mundo espiritual parecerá certa a todos aqueles que se deem ao trabalho de refletir sobre ela.

chegar ao homem. E teríamos dito, por exemplo, que a excitabilidade vegetal se torna animalesca e produz primeiro o tato, depois o paladar, o olfato, a audição e a visão. Mas percebemos que esse caminho estava longe do objetivo. Na verdade, o princípio da sensibilidade é um. Nossos meios de julgá-lo se multiplicam com os órgãos dos sentidos e diminuem com eles. É evidente que em nenhum lugar podemos estudá-lo tão bem como em nós mesmos, e que, a esse respeito, todas as induções que os animais podem fornecer podem ser reduzidas a comparações com o homem[58].

A faculdade de sentir e pensar constitui a essência da alma humana. Ela pode não transmiti-la à matéria, mas a vida prende seu uso aos órgãos e, assim, forma o elo que nos une ao corpo. Sem vida, a Terra teria permanecido estranha para nós. Porque nada do que contém provavelmente causará uma impressão em um ser espiritual[59].

O movimento é uma criação intermediária entre a alma e a matéria. Em breve examinarei as várias mudanças que nossos corpos estão fazendo nele. Mas, antes de traçar os esboços da natureza humana, era essencial dar algumas noções sobre os elementos das coisas.

---

[58] Podemos julgar a sensibilidade dos animais por suas analogias conosco. Mas, partir dos animais para chegar ao homem, é abandonar a base do nosso conhecimento para buscar luzes no desconhecido.

[59] Por isso, a Terra desaparece no instante da morte e o homem já não tem meios de a perceber. Só vê o mundo espiritual.

Terceira Parte

Do homem na Terra, visto como um todo

Considerações gerais

A existência do homem na Terra une, durante sua duração, a alma, a vida e o corpo. A união da inteligência com a matéria se faz por meio da vida. É isso que forma a sensibilidade dos órgãos. Ele comunica sensações à alma, transmitindo-lhe as impressões que recebeu, e atende à vontade, fazendo com que os músculos se contraiam.

As faculdades da alma são espirituais. É fácil no pensamento separá-las do corpo e examiná-las em particular. Não é assim com a vida. Ela entra na formação dos órgãos que a renovam, e dificilmente podemos entendê-la, exceto os fenômenos a que ela dá origem. No entanto, acompanhando atentamente a progressão destes fenômenos, reconhecer-se-á que as várias modificações vitais que eles nos mostram explicam de forma satisfatória as relações recíprocas entre a alma e o corpo.

Da alma humana

Sentir e pensar são faculdades que a alma exerce na terra, enquanto a vida as retém no corpo. Essas faculdades, por sua natureza, diferem tanto das propriedades da matéria, que o acesso a elas seria impossível sem o auxílio dos órgãos. Sem eles, de fato, todos os esforços da vontade não poderiam perturbar um átomo.

A alma é, portanto, uma estranha na terra, uma vez que suas faculdades não têm conexão imediata com as criações materiais. Realizado em um novo mundo, o corpo empresta-lhe órgãos para percebê-lo, e a vida lhe dá os meios para usá-los. Fisicamente, asseguramos a existência das coisas multiplicando nossas sensações. Moralmente, nossos sentimentos às vezes se perdem e nossos julgamentos nos enganam, mas o acordo da razão e da consciência deve formar nossa certeza.

São tão pequenos os limites de nossas concepções que deixam aos nossos sentidos o direito de nos fornecer os elementos. Nosso coração também nos fornece os meios de conhecer e, quando se une à nossa inteligência, pode iluminá-la por sua vez[60].

A faculdade de sentir tem dois objetivos muito distintos. Avisa-nos da existência do que nos rodeia e permite-nos amar e odiar. Vou examiná-los nesta dupla relação.

O uso do modo de sensibilidade que nos dá os meios de saber é, aqui na Terra, distribuído nos órgãos dos sentidos. Vou chamar de sensibilidade sensorial. Quanto ao modo de sensibilidade que se desenvolve em nossas paixões, chamarei de sensibilidade moral, porque a moralidade de nossas ações depende dos sentimentos que as determinaram.

As sensações que a sensibilidade sensorial recebe vêm todas de fora. Eles alcançam a alma por meio dos órgãos. Por outro lado, aqueles experimentados pela sensibilidade moral nascem internamente. Eles fluem da alma para o organismo. Um é acionado pela ação do corpo sobre a alma, e o outro pela ação da alma sobre o corpo.

A alma humana é realmente retida na terra apenas por sua sensibilidade sensorial. A vida, ao envolver esse modo de sensibilidade por todos os lados, permite que ela seja afetada apenas por intermédio dos órgãos. Assim, abre nossa faculdade de conhecer o mundo material e fecha-a ao mundo espiritual, que forma o mistério de nossa encarnação.

A sensibilidade moral, ao contrário, surge diretamente em nossa alma. Ela nos atrai para o mundo espiritual, e até mesmo permaneceria ociosa na terra, se não encontrássemos ali seres capazes de amar e odiar[61].

As sensações sensoriais nos prendem às coisas materiais e as afeições mentais nos distanciam delas. Também os homens cuja inteligência é absorvida por especulações sensoriais, como as ciências exatas, relutam em compreender a espiritualidade de sua alma. Enquanto aqueles que experimentam afeições agudas o concebem melhor, porque o sentem mais.

[60] Sentimos que Deus existe antes de nossa inteligência nos ensinar. Porque nossos pensamentos, a esse respeito, só desenvolvem um sentimento inerente à natureza do nosso ser. Esse sentimento é o que nos faz buscar então as provas da existência do Criador na contemplação do universo.

[61] Ou seja, seres capazes de sentir e vivenciar uma ação espiritual. O mundo material nos dá desejos e medos. Mas só os seres sencientes inspiram amor ou ódio em nós.

A sensibilidade sensorial é passiva. Acabamos de ver que ela recebe todas as suas sensações através dos órgãos. A sensibilidade moral é ativa porque se manifesta na ação da alma sobre o corpo. Essa dupla comunicação se dá ao longo da vida por meio de duas modificações, uma das quais pertence ao organismo e nos mantém na terra, e a outra está à disposição da vontade e nos atrai para o mundo espiritual. Além disso, quando a vontade é dominada por uma afeição muito forte, ela pode dar à modificação vital à sua disposição um ímpeto espiritual de modo a separá-la do corpo. A morte então ocorre no local, sem qualquer dano aparente[62].

A sensibilidade sensorial é a própria essência da alma. É inalterável, embora pareça neste mundo nascer, crescer e morrer com os órgãos que usa[63]. O mesmo ocorre com a inteligência.

A sensibilidade moral, ao contrário, está sujeita ao império da vontade. Nossas determinações estão mudando constantemente. Porque somos mestres, quando temos a sensação de nos entregarmos a um sentimento, de o dirigirmos ou de o sufocarmos no seu nascimento. Amor, ódio e todas as paixões não são qualidades distintas em nossa alma, mas diferentes usos que ela faz de sua sensibilidade moral. O homem pode usá-la inteiramente nos sentimentos de sua escolha e recusá-la a outros, dos quais no final ele deixa de ser suscetível pela falta de uso.

Sentir é existir passivamente. Mas amar ou odiar, para a alma humana, é viver, é fazer uso ativo de sua existência. E a alma é livre, não para existir (pois é imortal), mas para dar à sua existência o uso que sua vontade determina. É esse trabalho que faz sua felicidade ou seu infortúnio.

Nossos sentimentos formam nossa vida moral. Eles são parte de nossos pensamentos, e nossos pensamentos, por sua vez, os desenvolvem e estimulam. A alma humana, durante sua encarnação, é moralmente afetada de todas as maneiras. Mas livre em sua escolha, é determinado para o bem ou para o mal, e aumenta em si mesmo, através da obra dos pensamentos, sentimentos generosos e bons, ou egoísmo e perversidade.

---

[62] É o que acontece quando morremos de dor ou de prazer, e prova o quanto a natureza da alma difere da matéria, pois a ação espiritual a separa do corpo, quando se trata de dominar a vida com muito vigor.

[63] O poder de pensar está na alma. Mas, neste mundo, o trabalho dos pensamentos é feito no cérebro. É da maior ou pelo menos a aptidão dos órgãos empregados pela alma, que nasce a diferença que existe entre um homem de espírito e um idiota. Pois todas as almas são igualmente inteligentes.

Este é o resultado de nossa peregrinação na Terra. A alma traz a este mundo uma suscetibilidade moral de sentir, cujo uso determina pelos sentimentos de sua escolha, de modo que somente estes se tornam o princípio de sua atividade. Acontece que muitas vezes, no declínio da vida, não nos lembramos mais de certas doenças da juventude. A memória ainda retrai os fatos, mas não reacende mais os sentimentos mortos que, no passado, os determinaram. Um velho egoísta chama de loucura as ações generosas de sua primavera. Elas aparecem a ele sem motivo, porque o amor de seus semelhantes, que as ditou, foi aniquilado nele por um longo uso contrário[64].

A memória é apenas uma reação da inteligência à sensibilidade. Não pode reavivar na alma uma espécie de emoção que os hábitos opostos a fizeram desaparecer.

O livre arbítrio, essa liberdade moral, objeto de tantas pesquisas, está colocado na inteligência. É um atributo essencial da alma humana. Os sofistas negaram em vão, um sentimento irresistível nos anuncia isso. É inerente à substância de nosso ser, e é assim que Deus o prova a cada um de nós. Sentimos nossa liberdade como sentimos nossa existência. Algo sobe do fundo da minha alma e me diz que sou livre para falar ou calar. O que preciso procurar para uma demonstração, quando a consciência de minha natureza constantemente me convence?

Se examino como se forma a vontade humana do ponto de vista único da sensibilidade sensorial, vejo que no momento em que os objetos externos afetam nossos órgãos, surgem sensações agradáveis ou dolorosas para nossa alma. Primeiramente sentimos o que é atraente ou doloroso, e então julgamos o bem ou o mal que devemos consecutivamente esperar deles. O objetivo não pode estar em dúvida. É determinado pela natureza das sensações. Mas incertezas e erros surgem na escolha dos meios a serem usados para alcançá-lo. É nesta escolha que se situa o ato de nossa liberdade.

Ao considerarmos exclusivamente, sob a relação sensorial, a formação da vontade, vemos que compartilhamos com os animais a liberdade que preside às nossas determinações, embora seja iluminada no homem por uma inteligência muito superior. Com efeito, os animais, antes

[64] Um velho libertino, por exemplo, ainda persegue, em seus hábitos libidinosos, as lembranças das sensações de sua juventude. Mas ele não se lembra mais dos sentimentos que agraciaram seus relacionamentos na época. Aos olhos do homem caído, tudo se reduz ao que lhe resta.

de decidirem pelas suas ações, também observam o que devem esperar ou temer, e é assim que conseguimos domesticá-los.

A ciência do bem e do mal, do certo e do errado, deve-se inteiramente à nossa sensibilidade moral. Ele cria para nós motivos de determinação que nos são peculiares e é o único que pode nos dar direito a uma recompensa espiritual[65].

Os sofrimentos alheio afligem a alma humana, porque ela encontra em si um sentimento de amor pelos outros. Esse sentimento é a nossa felicidade. Interessa-nos o destino de todos os seres sencientes, porque chega aos animais com uma benevolência cheia de encanto[66]. Mas é sobretudo unindo-nos aos nossos semelhantes que nos faz sentir os seus ternos abraços. Nossas vidas são então confundidas com uma ternura tão viva que somos mais felizes com a felicidade dos objetos de nossas afeições do que com nossa prosperidade pessoal. Ao elevar-se à origem desta fonte de amor, o coração do homem está na presença da divindade e oferece-lhe, adorando-o com todo o seu ser, a única homenagem verdadeiramente digna do Criador, pois ele faz o bem supremo da criatura[67].

Laços invisíveis, mas reais, nos unem a todos os seres sencientes. Compartilhamos seus males assim que eles são conhecidos por nós. A consciência de que nossa própria natureza nos dá os sofrimentos de que somos suscetíveis, torna-se para nós a medida daqueles que podem afligir nossos semelhantes. Deus, colocando assim na sensibilidade de cada homem um apreciador do que todos podem experimentar, deu-lhes o sentimento da igualdade dos seus direitos e a ideia do justo e do injusto.

Na ordem da criação, todos os homens são igualmente

---

[65] Em termos de sensibilidade moral, geralmente desejamos justiça e a felicidade de nossos semelhantes. Mas, sob o aspecto da sensibilidade sensorial, consideramos diretamente nossa individualidade, independentemente do que nossos semelhantes possam sofrer com isso.

[66] A natureza não impôs ao homem a necessidade de se alimentar da carne e do sangue dos animais. Esses alimentos, que só podemos obter com o sofrimento e a morte, são repugnantes para a sensibilidade de nossa alma. Jean-Jacques Rousseau e Newton tinham os mesmos sentimentos sobre o assunto. No entanto, o hábito de comer carne, passado de geração em geração, parece ter apagado o selo de desaprovação moral desse tipo de alimento. Até parece que se tornou útil, se não necessário, para a maioria dos europeus.

[67] O homem cujo coração retém a faculdade de amar, sente que só o amor traz felicidade à alma. Ele presta homenagem a Deus adorando-o e, ao se elevar em direção ao seu autor, apenas obedece à natureza de seu ser. Aquele que nada ama o perturba e, portanto, entra em um estado de sofrimento que se torna muito mais perceptível quando os interesses temporais e os apetites físicos desaparecem.

suscetíveis à dor e ao prazer. Portanto, todos têm o mesmo interesse em evitar um e procurar o outro. Além disso, somos naturalmente justos em tudo o que não é pessoal para nós. Mas assim que nosso interesse se opõe ao dos outros, nos vemos colocados entre o amor de nossa individualidade e o de nossos semelhantes. Temos uma escolha a fazer, e neste ato de nossa liberdade, somos egoístas, justos ou virtuosos, dependendo do sentimento em que nossa vontade está determinada.

Acabamos de ver como a vontade do homem é formada pelo uso de sua razão. Mas muitas vezes acontece que nossas determinações precedem nossos julgamentos. Vemos então o nascimento, tanto no bem como no mal, a prudência ou a imprevidência, conforme o juízo ou a paixão tenham dominado a formação de nossa vontade.

O homem prudente não quer o que lhe agrada no início, mas o que na reflexão julga mais adequado aos seus projetos. O homem apaixonado, ao contrário, deseja em seu coração antes de consultar sua razão. Sua inteligência não forma sua vontade, apenas a serve com mais ou menos luz.

É uma pena que nossas determinações sejam quase sempre mais absolutas e apaixonadas. Aquele que deseja o que acredita ser bom e justo, hesita se não tem total confiança em seu julgamento. Enquanto o homem apaixonado raramente hesita, e quer sempre com violência.

Limito aqui as primeiras reflexões que me foram fornecidas pelo estudo das faculdades da alma humana. Voltarei a isso mais tarde. Vimos que nossa jornada na Terra tinha como objetivo determinar a natureza de nossos sentimentos. Minha confiança em Deus me dá esperança de que o princípio do mal pode ser aniquilado. Mas que o germe de um retorno ao bem nunca pereça inteiramente.

A estrutura do corpo humano e seus movimentos

O corpo humano é constituído por partes moles e partes sólidas que servem de fulcro.

Todos nós conhecemos sua estrutura externa. Ele é coberto em sua superfície pela pele. Ela também reveste suas cavidades internas. A carne é dividida em porções separadas, cada uma formando um músculo específico.

A estrutura óssea também se divide em vários ossos unidos por articulações mais ou menos móveis, de acordo com os movimentos a que se destinam, e às vezes por articulações fixas, como nos ossos do crânio. A maioria dos músculos se liga a diferentes ossos em suas extremidades. Esses músculos, à medida que se contraem, tornam-se mais curtos. Suas extremidades se aproximam e, portanto, também os ossos onde estão fixadas. É por esse mecanismo que nossos membros realizam seus diversos movimentos. Nossa vontade atua sobre os músculos apenas usando o intermédio dos nervos. São eles que transmitem nossas ordens às massas carnais e as fazem se contrair a nosso bel-prazer.

Os nervos são espécies de fios de cor esbranquiçada, de substância análoga à do cérebro, com os quais se comunicam. Eles se espalham por todas as partes do corpo, e as extremidades de muitos se perdem na estrutura da pele.

Os movimentos do corpo humano são voluntários, orgânicos ou convulsivos. A alma, por intermédio dos nervos, faz com que todos os movimentos voluntários sejam executados. Os movimentos orgânicos são aqueles que a ação da vida produz por si mesma em nossos órgãos. Quanto aos movimentos convulsivos, eles podem resultar de todas as causas passíveis de trazer problemas para o nosso organismo.

Os movimentos orgânicos pertencem a todas as coisas vivas. Movimentos convulsivos podem ser notados em algumas plantas, como as sensíveis. Já os movimentos voluntários são prerrogativa exclusiva do reino animal.

Da formação da vida do corpo humano e de sua nutrição.

A vida de cada indivíduo é o princípio orientador de seu organismo. É a parte do movimento elementar de que ele se apropria , individualizando-o para seu próprio benefício.

Vimos que os raios do Sol penetram na Terra e se combinam com ela, aquecendo-a. As misturas gasosas produzidas pela união do movimento com a matéria exalam-se para fora e constituem o ar que nos rodeia. É principalmente nesse ar que as plantas e os animais se desenham para formar sua vida, apropriando-se de uma parte do movimento elementar que contém.

O ar por si só não é suficiente para sustentar a existência de corpos vivos, pois eles estão destinados a se desenvolver, a crescer e, além disso, devem reparar as perdas materiais que causam diariamente. Também o jogo de seu organismo os torna aptos, não só para renovar sua vida, mas também para assimilar incessantemente uma porção da matéria, transformando-a em sua própria substância. Esse é o objetivo da vegetação em alguns e da digestão em outros.

A vida das plantas se limita a dar ao seu organismo o movimento necessário para que se nutram e cresçam. Uma circulação é suficiente para atingir esse objetivo.

A vida dos animais também deve dar-lhes sensações e fazer com que seus corpos se movam como bem entendem. Para tanto, precisam de outras duas modificações vitais, uma das quais lhes dá sensações e a outra obedece a sua vontade e serve para a execução de seus movimentos.

As plantas encontram seu alimento na terra, no ar e na água. Esses alimentos simples não são suficientes para os animais. É necessário ao menos que a matéria submetida a sua digestão seja elaborada no organismo vegetal para que possa nutri-los.

O homem engole os alimentos destinados à sua subsistência, depois de os ter umedecido na boca e amassado sob os dentes. O estômago os recebe e os desenvolve para formar o quilo. Este trabalho continua no intestino delgado e diminui gradualmente à medida que se aproxima dos últimos canais.

O quilo é convertido em sangue, para que possamos considerar este último líquido como o reparador imediato das perdas que fazemos. É o objeto de circulação do qual o coração é o órgão principal. Duas espécies de vasos contribuem para isso, as artérias e as veias. Alguns recebem o sangue que o coração lhes envia e levam para todas as partes do corpo, de onde os outros o trazem de volta ao coração[68]. Nesse movimento contínuo, o sangue, viajando pelos vários órgãos, fornece-lhes o alimento de que precisam. O quilo fornece a ele o material. Mas é sobretudo respirando que se enriquece com o princípio de que se forma a vida humana.

Na verdade, nós quebramos o ar ao respirá-lo, nossos pulmões o retiram do movimento elementar que ele contém, o pegam e o combinam com o sangue. Nós queimamos o ar para liberar os raios solares que estão combinados nele[69]. Essa combustão sempre ocorre quase no mesmo

[68] As artérias carregam o sangue no sistema de nutrição peculiar a cada órgão, e as veias o trazem de volta depois de nele depositado a porção de vida e matéria necessária para sua nutrição. Mas o olho não pode seguir a extremidade capilar dos vasos, nem ver como eles se comunicam entre si.

[69] O ácido carbônico e o nitrogênio só extinguem a vela flamejante que neles é mergulhada porque estão muito saturados de raios solares para per-

grau, e o movimento que assim adquirimos provoca uma agitação no sangue que chamamos de calor. A respiração o produz com uma atividade de 30 a 32 graus.

Qualquer organismo vivo renova sua vida por uma decomposição de misturas. Um carvalho, por exemplo, apropria-se desta forma de uma certa quantidade de raios solares que vegeta. A circulação da seiva carrega então esses raios até que uma parte se fixe com ela na formação da madeira, enquanto a outra vaporiza os líquidos e exala como uma espécie de suor que envolve a árvore. É o mesmo com o homem. Os raios solares de que nossa vida é composta são animados pelo jogo da respiração. Eles circulam com o sangue. Uma parte está fixada em nossos órgãos, que devem a ela sua irritabilidade[70], e a outra escapa vaporizando nosso humor.

O calor (como dissemos na segunda parte) nada mais é do que a agitação provocada na matéria pelo movimento elementar que aí está envolvido. É o trabalho que antecede a formação do misto ou que acompanha sua decomposição. Os seres organizados, considerados deste ponto de vista, são verdadeiras fábricas de misturas de naturezas diversas. De fato, sua vida é o movimento que precede e acompanha a formação do misto de que seu corpo é composto. Nesse primeiro estado, os raios solares, vegetados ou animalizados, encontram-se retidos na seiva ou no sangue, o que necessariamente produz calor[71]. Mas assim que eles são fixados em uma combinação, como a madeira de uma árvore ou a carne de um animal, seu movimento é encerrado nela e o calor cessa. Também a morte provoca o resfriamento dos corpos, qualquer que seja a quantidade de raios de luz que eles continuem a ocultar e que a combustão possa liberar depois.

O calor que se forma fora de nós penetra-nos sem nos pertencer. Nem o que a respiração produz nos pertence. Pelo contrário. Pois é causado pelos raios solares dos quais retiramos o ar e que circulam unidos ao nosso sangue. Ele

mitir a expansão daqueles liberados pela combustão dos corpos. O contrário acontece com o oxigênio, que contribui para a formação da vida animal, pois é necessário para o tipo de combustão produzida pela respiração.

[70] A elasticidade dos sólidos vegetais também é um tipo de irritabilidade.

[71] O movimento em questão aqui é comunicado ao sangue pelos raios solares cuja respiração o enriquece, é a própria vida do indivíduo. Não deve ser confundido com o impulso que o sangue recebe do coração. Isso se deve ao mecanismo orgânico e é (como qualquer impulso) apenas o resultado do uso do movimento elementar. Na verdade, a vida produz irritabilidade no coração, que a presença de sangue estimula a contrair. Sobre este assunto, podemos rever a formação da elasticidade dos sólidos na primeira parte, bem como a explicação do calor.

os derrama incessantemente no sistema de nutrição, para que cada fibra receba deles a ação para a qual sua natureza a torna adequada. Por uma lei peculiar aos organismos vivos, cada ser se apropria de uma parte do movimento elementar do qual forma seu calor individual. Mas todo calor tende a se equilibrar, e cada indivíduo perderia logo o seu, se ele não for renovado. Quando o organismo é destruído, a renovação cessa e a vida se extingue. O calor é então dissipado e o corpo permanece por algum tempo mais ou menos na mesma condição.

A comida que ingerimos é usada para nutrir nossos órgãos. Nossas perdas a esse respeito estão ocorrendo muito lentamente e sendo reparadas da mesma forma. Este não é o caso da vida propriamente dita, o movimento orgânico a consome rapidamente. Portanto, somos obrigados a extrair constantemente do ar uma nova porção de movimento para individualizá-la para nosso benefício. Sendo assim, o trabalho respiratório não pode ser suspenso por muito tempo e somos forçados a acelerá-lo devido à quantidade de vida da qual dependemos[72].

As modificações que recebe o princípio vital variam de acordo com a diversidade dos corpos que dele tomam posse. No entanto, a vida tem uma grande analogia em todas os organismos que produzem carne e sangue.

O que acabei de dizer sobre a formação do movimento individual é adequado para todos os organismos vivos. Essa primeira modificação do princípio vital é o que chamo no homem de vida animal-vegetal. Seu objetivo principal é a manutenção da existência do corpo que desenvolve e nutre. A seiva atinge o mesmo fim nas plantas. Além disso, até então, o corpo desfruta apenas do tipo de existência vegetal que a circulação sanguínea lhe proporciona. Mas logo o cérebro separa a vida do sangue que o atravessa e, por admirável elaboração, torna-o adequado para nos proporcionar tantas sensações quanto recebe das impressões nos órgãos.

Essa segunda modificação vital, assim separada do sangue, é chamada de fluido nervoso. É intangível e até invisível, porque é de certa forma imaterializado. No entanto, ele retém elementos corporais suficientes para ser objeto de uma circulação orgânica, que pode ser interrompida pela compressão dos nervos[73].

[72] O jogo de respirar promove, além disso, a circulação do sangue.

[73] O fluido nervoso não retém partes materiais suficientes para que sejamos capaz de agarrá-lo. É, a este respeito, quase como o fluido elétrico, que

O cérebro impulsiona essa circulação por um movimento alternado de contração e expansão semelhante ao do coração. Como o sangue, ele se divide em linhas arteriais e venosas e se espalha pelo sistema de nutrição para formar a sensibilidade dos órgãos, o que, inadequadamente, é chamado de sensibilidade. É no seu retorno ao cérebro que o fluido nervoso nos dá sensações, pois assim chamamos as emoções que ele comunica à nossa alma a cada ataque recebido na sensibilidade do corpo. É para o espiritual uma tradução que ele nos dá[74].

O cérebro é o centro da circulação nervosa. Todas as impressões que recebemos passam a ser aí pintadas. É um eco em que os ataques à sensibilidade ressoam num ponto de contacto com a nossa sensibilidade.

O fluido nervoso, como todos os fluidos, é constantemente percorrido por um movimento interior, independente da circulação orgânica. É esse movimento que, em determinadas sensações, se comunica tão rapidamente com a alma.

Quando a sensibilidade não experimenta nenhum acidente, o fluido nervoso relata uma impressão geral dela, produzida pela própria ação do organismo. Nossa alma recebe dela uma vaga sensação, que a avisa da existência do corpo. Sua sensibilidade atrai[75] o intermediário que a dá, o que põe em movimento o desenvolvimento cerebral para formar novo fluido nervoso. Isso entra na circulação, que o carrega para o sistema de sensibilidade e depois o traz de volta ao cérebro.

Nessa operação, o fluido nervoso que nossa sensibilidade atrai deixa o domínio do organismo para entrar a serviço da alma, que se apodera dele e doravante o associa a todas as suas ações. É assim que se forma a terceira modificação da vida humana, que chamo de vida espiritualizada.

Não se trata mais do mecanismo da respiração ou do funcionamento orgânico do cérebro. Mas de uma elaboração muito espiritual, já que é o movimento das sensações

a máquina ainda assim coleta.

[74] O fluido nervoso só pode nos causar sensações voltando da sensibilidade, pois nossas sensações são o resultado das impressões que a sensibilidade recebe. E logo veremos que é indo do cérebro à sensibilidade dos órgãos, que serve para a execução de movimentos voluntários. Assim, na ordem natural, o veículo das sensações e o do movimento não podem ser confundidos mais do que o sangue arterial e o sangue venoso.

[75] A sensibilidade da alma é alimentada por uma espécie de aspiração espiritual da qual, talvez, falarei na continuação, e é isso que imprime na vida espiritualizada o movimento que bombeia o fluido nervoso.

que o faz carregando vida no trabalho dos pensamentos. Lá, ele está associado à ação da alma, e não mais experimenta quaisquer outras circulações além daquelas que a vontade lhe comunica.

Pensar é um trabalho que nossa inteligência faz sobre nossa sensibilidade, e como neste mundo a vida está associada a todas as nossas sensações, também está necessariamente associada aos atos de nossa vontade. Nossa alma o carrega no movimento de seus pensamentos, e é isso que lhe dá os meios para agir sobre o corpo. A vida espiritualizada não conserva elementos corporais suficientes para poder movimentar de imediato o organismo, mas atua sobre o fluido nervoso, e este último, sobre a excitabilidade muscular[76].

De fato, na execução de movimentos voluntários, a vida espiritualizada segue os nervos arteriais como condutores e se perde com eles na excitabilidade muscular ao contraí-la. Cada um de nossos movimentos gasta uma parte da vida espiritualizada. Mas ele se renova constantemente, principalmente durante o sono, porque neste estado perdemos muito pouco, e o fluido nervoso continua a se espiritualizar, escapando para a nossa alma.

Para completar a nossa existência na terra, foi necessário que o movimento elementar que nos retém ali, primeiro animasse um corpo, que depois lhe desse os meios de comunicação com o nosso ser espiritual, e que finalmente servisse a este último para transmitir ao organismo as ordens de sua vontade.

A vida humana cumpre esses três destinos, experimentando três modificações diferentes, tão inter-relacionadas que dependem umas das outras e se unem como um todo.

Formamos a primeira dessas modificações, que denominei vida animal-vegetal, ao quebrar o ar que respiramos. Fornece os elementos do segundo, chamado fluido nervoso, e este os do terceiro, que designei com o nome de vida espiritualizada.

Assim, as três modificações da vida humana são produzidas umas pelas outras na ordem que acabei de indicar. Mas quando examinamos o poder que os forma, reconhe-

[76] A vida espiritualizada atua no fluido nervoso arterial, e se perde na contração muscular. Quanto ao fluido nervoso, pertence exclusivamente ao corpo que dele se apropria na formação da sensibilidade orgânica. A vida espiritualizada normalmente não se combina para formar sensibilidade. Mas, quando é atraído para a circulação nervosa, produz sensibilidade magnética, como veremos mais tarde.

cemos que segue um curso contrário e que liga essas mesmas modificações umas às outras em uma ordem precisamente inversa.

Com efeito, é a nossa alma que, espiritualizando a vida, se torna a causa motriz da formação do fluido nervoso e é sobretudo a isso que os órgãos do peito devem a capacidade de formar vida animal-vegetal.

Vemos por esse relato que essas várias modificações vitais tornam-se os elementos umas das outras, subindo gradualmente do corpo para a alma, enquanto o poder de formá-las desce da alma para o corpo.

Isso, é claro, pode dar uma boa ideia da maneira como as duas substâncias que unem nossa existência na Terra se comunicam. Pois as sensações que unem o corpo à alma vêm a nós seguindo a primeira ordem, enquanto os movimentos que a alma faz com que o corpo execute seguem a segunda[77].

A união das três modificações que constituem a vida humana é indivisível como um todo. No entanto, pode ser destruído em uma parte, e é o que acontece na paralisia, onde o membro afetado é reduzido à vida animal-vegetal por si só.

É por meio do fluido nervoso que aprendemos o que afeta o corpo. Colocado entre os ataques materiais e a sensibilidade da alma, comunica-lhe tantas sensações quanto recebe impressões. Foi necessário que uma circulação independente da vontade a conduza a toda parte e sem cessar, para que cada órgão nos avise a zelar por sua conservação. O fluido nervoso é a voz do corpo, é uma sentinela colocada no sistema da sensibilidade. Se o tivéssemos eliminado como queríamos, o teríamos recusado às sensações dolorosas, e o vínculo da vida logo seria rompido.

As sensações chegam até nós num instante indivisível do acidente que as causa. Eles nos são comunicados por uma comoção no movimento interno do fluido nervoso, que normalmente não perturba sua circulação orgânica[78].

[77] As sensações nos são comunicadas, de acordo com a progressão das modificações vitais, na seguinte ordem: vida animal-vegetal, fluido nervoso venoso e vida espiritualizada. Os movimentos voluntários são executados na ordem inversa: vida espiritualizada, fluido nervoso arterial e vida animal-vegetal.

[78] Os sons são propagados da mesma forma no ar, sem perturbar o curso dos ventos. Além disso, a dor aumenta a sensibilidade na parte lesada, pois ela chama o fluido nervoso de lá como chama o sangue. Por esse motivo, os irritantes empregados na paralisia às vezes reanimam o membro afetado. É novamente por um motivo semelhante que a acupuntura pode ter sucesso. Na verdade, ela evacua o fluido nervoso acumulado na parte doente, e consequentemente proporciona a cessação da dor, quando a agulha atinge o siste-

Podemos considerar a vida humana como um fluido humanizado, formando-se primeiro pelo jogo dos órgãos, que depois a despojam gradativamente de todo o material que ela havia retirado para colocá-la em contato com nossa sensibilidade. Materialmente, nossa alma não está em lugar nenhum[79], já que em lugar nenhum podemos prendê-la. É tangível apenas pela sensação, e a vida que deixa o domínio do organismo para nos proporcionar esse tipo de toque espiritual, não o faz mais e fica à disposição da vontade.

Lembramos que o movimento é uma criação imaterial. É o elemento de que a vida humana é composta. Este se materializa unindo-se ao corpo, e então se espiritualiza para receber a ação da alma.

A última modificação vital, ao separar-se da matéria, retoma a qualidade luminosa que os raios solares têm, porque são também o movimento para fora da matéria. Mas com esta diferença: que a expansão solar é livre, enquanto vida espiritualizada é uma luz à disposição da nossa vontade[80]. É em certo sentido acorrentado espiritualmente, isto é, tendo assimilado à ação da alma, obedece necessariamente aos movimentos que a vontade lhe imprime.

Estas são as noções que recolhi sobre a formação das três modificações da vida humana. Para reuni-las, tive que refletir por um longo tempo e comparar uma série de observações feitas separadamente umas com as outras. Sinto que aqueles cujas ideias a ciência fixou dificilmente receberão bem as minhas. Mas, talvez, a teimosia da obra, a pureza das intenções e a boa-fé do autor mereçam algum estudo antes de rejeitar sua obra[81].

ma de nutrição particular do órgão, retirando as fibras sem feri-las. Se alguém causar muita dor ao inserir a agulha, o eretismo aumenta e o fluido nervoso não consegue escapar. A aplicação de sanguessugas pode ter o mesmo resultado, pois, sugando o sangue, atraem o fluido nervoso e podem restaurar a liberdade de seu curso.

[79] A alma recebe as sensações entre o cérebro e o cerebelo. É a partir daí, e profundamente, que a ação dos pensamentos passa a ser executada nos lobos anteriores e atrás do osso frontal, por movimentos que os percorrem transversalmente. Um sonâmbulo magnético lúcido pode vê-los facilmente. Não quer dizer que ele leia os pensamentos ali. Mas ele julga muito bem a natureza dos sentimentos que os originam.

[80] O fluido magnético é precisamente esta última modificação da vida. Podemos perceber, portanto, porque dá uma nova maneira de ver. Encorajo o leitor a reler, na segunda parte, a explicação da luz e as sensações que ela nos dá. A vida espiritualizada é leve, mas não a vemos no estado comum, porque a sensibilidade de nossos órgãos não é capaz de receber as impressões de um movimento espiritualizado, é muito alheio à natureza de nosso corpo.

[81] As circulações sanguínea e nervosa, como vimos, são encontradas no sistema de nutrição peculiar a cada órgão. Porque é aí que se alimenta a excitabilidade muscular e se forma a sensibilidade nervosa. É aí, portanto, também que se encontra o teatro dos sofrimentos que as doenças do corpo nos

Da maneira como a alma usa suas faculdades nos órgãos do corpo.

Devemos nossas sensações na terra à vida que, por todos os lados, envolve nossa sensibilidade e a une no centro da sensibilidade do cérebro. Nossos pensamentos são então apenas um estudo das sensações recebidas, e entendemos que esse estudo deve ser feito com o intermediário e sobre o aparelho que nos deu, ou seja, com a vida e sobre o cérebro.

Na verdade, a sensibilidade do cérebro é o eco da sensibilidade do corpo, é uma espécie de espelho onde todas as impressões recebidas serão pintadas em nossa alma para serem traduzidas em sensações. Uma parte da vida que as carrega até nós torna-se espiritualizada no instante em que as recebemos. Permanece a serviço de nossa alma, e sua vontade então o utiliza para reproduzir as primeiras impressões no cérebro. Isso resulta em novas sensações que são apenas uma imagem mais ou menos fiel das primeiras recebidas. Nossa inteligência as compara para julgá-los, e é assim que se realiza o trabalho da memória e do pensamento.

A memória é, portanto, uma reação da inteligência à sensibilidade. Mas nossa alma é passiva em receber as primeiras impressões, enquanto é ativa em realizar aquelas que a reação da vontade produz no cérebro. Ambos nos dão as mesmas sensações. Também os sonhos, que (como explicarei em breve) surgem de uma reação da inteligência sobre a sensibilidade, nos fazem sentir tudo o que a realidade poderia ter de atraente ou doloroso.

Vou agora falar de um órgão que é importante conhecer para compreender adequadamente as relações da alma com o corpo. Este órgão é geralmente designado pelo nome de plexos solar e cardíaco. São nervos entrelaçados localizados na frente da coluna, na parte inferior do tórax

fazem suportar. É atravessado por sucos brancos e linfáticos que exercem a maior influência sobre ele. Eles têm uma relação imediata com a substância dos nervos que fornecem, mas infelizmente essas relações são pouco conhecidas, de modo que a medicina costuma falhar no tratamento de doenças nervosas. Os vírus também se espalham de glândula a glândula sem uma avaliação satisfatória da rota que estão tomando. Da mesma forma, ignoramos o progresso da circulação celular, que parece favorecer um movimento geral de expiração e absorção. O magnetismo animal pode ajudar no estudo desses fatos, que são muito mais importantes para a arte da cura do que as observações fisiológicas e psicológicas que não recebi. Espero que, a esse respeito, possa servir à ciência. Quanto a mim, fiquei sem oportunidades, ou melhor, sem iluminação, o que me impediu de estudar, a esse respeito, as experiências que se apresentavam.

e em direção à região do coração. Entende-se que os entrelaçamentos nervosos são antes um aparato que indica um centro de sensações do que um determinado órgão, de modo que só uso seus nomes para indicar o teatro das reações da alma no corpo. Todos sabem que a alegria ou a tristeza ressoam na região do coração. Influenciam a circulação sanguínea, e com frequência suspendem ou precipitam seu curso. Portanto, é evidente que existe no peito um eco das emoções da alma, e é isso que designo usando o nome dos plexos solar e cardíaco.

Eu disse antes como a vida espiritualizada é formada. Fica à disposição da alma que o envolve. Mas, para servir aos nossos afetos, é corporificado de uma forma nos plexos. Porque contrai um ponto fixo de fixação[82]. É aí que ela traduz em movimentos físicos todas as emoções que a alma lhe comunica ao vivenciá-las. As contrações que os plexos recebem desses movimentos ressoam imediatamente no centro da sensibilidade do cérebro e nos dão por reação sensações consecutivas, cujo único objetivo é renovar a alegria ou a tristeza das emoções que as produziram.

Embora a vida espiritualizada esteja sujeita ao império da vontade, não somos, porém, inteiramente donos das sensações causadas pelos movimentos que ela recebe. Porque não podemos produzi-los como desejamos, nem impedi-los assim que desejamos[83]. Porém, a alma atua sobre suas emoções, pode até certo ponto detê-las ou prolongá-las, seja retendo o movimento da vida espiritualizada que as executa, ou, pelo contrário, entregando-se a elas e recebendo com toda a sua sensibilidade as sensações que a sensibilidade do cérebro envia de volta a ele por reação. É assim que nossa vontade consegue isolar (tanto quanto pode) o trabalho dos pensamentos, das emoções excessi-

[82] A vida espiritualizada segue os nervos arteriais, mas eles se dividem em suas atribuições. Porque aqueles que o cerebelo alimenta são destinados a funções orgânicas, enquanto os outros são usados para movimentos voluntários. É sobre o primeiro que a vida espiritualizada reage, ligando-se aos plexos em suas relações com o centro da vida animal-vegetal. Direi mais adiante, falando da morte natural, que a vida espiritualizada, ao abandonar o corpo, primeiro se separa aos poucos dos plexos, e que só depois se separa do cérebro.

[83] Às vezes, as dores morais, por esse motivo, sobrevivem apesar de nós a causarmos. Depois de uma batalha, uma mãe soube da morte de seu filho; imediatamente teve contrações na região do coração que a sufocaram. Nesse ínterim, seu filho chegou, e só muito tempo depois ela conseguiu se acalmar. Suas lágrimas continuaram a cair sem seu controle. As dores causadas pela ternura podem ser misturadas com algum encanto, pois tornam a alma consciente da sua imortalidade. Ao contrário, as emoções da sensibilidade sensorial surgem diretamente das impressões que os órgãos receberam. Eles notam sua destrutibilidade quando são muito vívidos e sempre deixam para trás um sentimento de aniquilação.

vamente vívidas que os perturbariam, ou pelo contrário se esforça para entregar nossa sensibilidade sem estudo às sensações que a dominam[84].

Sentir é ser comovido, mas as emoções partem da alma quando surgem na sensibilidade moral, enquanto nos são comunicadas de fora pelos órgãos, quando a sensibilidade sensorial os recebe. A reação da vida espiritualizada aos plexos é muito aparente nos primeiros. Mas, geralmente, é muito menos em segundos[85].

Assim, o fluido nervoso faz com que a alma compartilhe, ao lhe dar sensações, todas as impressões que recebeu no corpo, e esta, ao reagir sobre a vida espiritualizada, por sua vez comunica ao organismo os movimentos de sua sensibilidade. Dois focos de sensibilidade servem na máquina humana para essa reciprocidade de ação: um, colocado no cérebro, é o eco de impressões orgânicas. O outro, colocado nos plexos, é o das emoções da alma. Como resultado, as impressões físicas são espiritualizadas no cérebro, dando-nos sensações, enquanto nossas afeições morais se traduzem em movimentos físicos nos plexos, contraindo-os[86]. É necessário conhecer bem o mecanismo dessas comunicações para compreender uma série de fenômenos dos quais falarei a seguir.

Da memória e da imaginação.

Devemos o conhecimento do que nos rodeia às sensações que daí recebemos. Nossa memória é então produzida por uma reação da inteligência sobre a sensibilidade. Quanto mais vívida for essa reação, mais completa será a memória. Acabo de dar a conhecer como, nesta operação, a nossa vontade usa a vida espiritualizada para reagir sobre a sensibilidade do cérebro. Qualquer julgamento pressupõe memória, pois se apenas desviarmos o olhar de um

[84] Quando a alma quer ceder à sua sensibilidade, a sua vontade, em vez de reter a vida espiritualizada, pelo contrário entrega-a às emoções que lhe comunica, para receber, por reação, sensações mais vivas. Já vi mulheres começarem voluntariamente esse tipo de jogo e acabarem, não tendo mais controle, caindo em terríveis convulsões. A vontade às vezes também se opõe à reação da vida espiritualizada nos plexos e, até certo ponto, interrompe a reação do cérebro dessa maneira.

[85] No estado magnético, a sensibilidade do corpo adquire uma suscetibilidade extrema, de modo que todas as emoções se repetem distintamente nos plexos. Além disso, vários sonâmbulos, atentos ao que esse eco se repete, relacionam suas sensações a ele e se imaginam ouvindo e vendo através dele.

[86] Pode-se notar que as emoções da alma às vezes não têm relação com a natureza das impressões que os órgãos receberam. Durante a leitura, por exemplo, a impressão que nossos olhos recebem do formato das letras é de natureza muito diferente dos sentimentos que a leitura pode desenvolver em nós.

primeiro objeto para compará-lo com um segundo, é claro que essa comparação será feita sobre uma memória.

Assim, a memória consiste em renovar na sensibilidade da alma as sensações que recebeu ou os sentimentos que experimentou. Este trabalho, no que diz respeito à sensibilidade sensorial, pode encontrar obstáculos apenas em sua extensão. Porque é inalterável por natureza. A sensibilidade moral, ao contrário, está sujeita ao império da vontade, e já expliquei como nossos pensamentos desenvolvem os sentimentos de nossa escolha, enquanto outros perecem por falta de cultura. Essa diferença nos dois modos de nossa sensibilidade produz muito na memória.

De fato, as lembranças de nossos primeiros sentimentos só podem ser reproduzidas em nossa alma renovando ali uma emoção da natureza daquilo que outrora as causou, e isso se torna impossível quando nossa sensibilidade moral é alterada. É por isso que os sentimentos são muito mais comumente esquecidos do que os fatos.

A sensibilidade do cérebro é a única maneira pela qual as sensações chegam até nós na terra. Nossa alma a leva em sua memória reproduzindo as imagens que dele recebeu. Tal é a marcha da memória; nós a seguimos, sem suspeitar, como uma necessidade ligada à nossa existência. Resulta do aprisionamento de nossa sensibilidade em um corpo. A vontade da alma, relembrando o passado, atravessa a sensibilidade do cérebro para reagir sobre sua sensibilidade. Nisso segue o percurso das primeiras sensações, com a diferença, porém, de que estas vêm de fora, enquanto o trabalho da memória nasce internamente[87].

Assim, só podemos formar memórias reagindo ao organismo. Por isso, se muda o modo de sensibilidade, o trabalho da memória torna-se impossível, pois a alma de alguma forma deixa de possuir o mesmo cérebro[88]. Isso é

[87] Como recebemos nossas sensações na terra através da sensibilidade do cérebro, é necessário que, para examiná-las, nossa vontade reaja sobre este órgão.

[88] As sensações que vivenciamos assumem, de certa forma, o colorido da sensibilidade que nos comunica. Se muda, não encontramos mais no cérebro os elementos necessários para reproduzir essas sensações. Assim, se existissem para nós memórias anteriores à formação dos órgãos, elas permaneceriam adormecidas em nossa alma e não acordariam até a morte. Isso traz à mente aquelas vagas memórias de existências passadas que tantas pessoas afirmam ter trazido à Terra. Os teosofistas as explicam presumindo comunicações imperfeitas com espíritos que viveram anteriormente. Mas se essa explicação pode ser aplicada a pensamentos vindos de dentro. Parece-me inadmissível quando o vislumbre da memória nasce repentinamente, por ocasião de sensações que chegam de fora, como, por exemplo, ao ver novos objetos que se pensa reconhecer. É precisamente isso que se manifesta nos sonâmbulos acordados, quando se encontram na presença do que viram no estado magnético.

o que observamos quando voltamos à vida normal do sonambulismo magnético. A sensibilidade é então alterada pela diminuição, e a alma, não encontrando mais os elementos das primeiras impressões, tenta em vão rastrear suas memórias.

Muitas vezes acontece que sonâmbulos despertos se cansam de esforços inúteis para relembrar o passado, especialmente se os objetos que viram no estado magnético voltam a se apresentar.

Sentimos, pelo que disse, que o trabalho da memória deve sofrer todas as alterações que ocorrem no cérebro. Assim, percebemos que é fugaz na infância, quando se forma a sensibilidade, e preguiçoso na velhice, quando tudo se destrói.

Nossa existência na terra é feita de uma série de sensações das quais nunca tivemos uma pequena parte ao mesmo tempo. A memória se fixa apenas no que é notável. Porque a imperfeição dos órgãos não permite que a nossa alma passe do final do ano ao seu início para se encontrar na presença de tudo o que ali viu. As novas sensações que, na vida, se sucedem sem cessar, formam um véu que, fugindo do presente, joga-se sobre o passado. Nada parece perdido para nossa alma, pois em algumas circunstâncias podemos remover esse véu, e então vemos as memórias apagadas reaparecerem em todos os seus detalhes. Esse é um dos resultados notáveis do retorno do sonambulismo à vida comum, embora o estado magnético tenha durado meses e anos.

A imaginação é apenas um uso dos materiais que a memória coletou. Consiste em levar na memória uma infinidade de imagens que então temos à disposição para criar seres e circunstâncias sem realidade. A imaginação pode saltar para o futuro ou voltar ao passado à vontade. Suas pinturas são fantásticas, mas os sentimentos que ela desperta na alma não contribuem menos para nossos prazeres e nossas tristezas. Levado longe demais, ele se aproxima da loucura, o que também nos dá sensações contrárias à realidade.

Do sono e dos sonhos

O sono é um estado em que abandonamos o corpo, removendo nossa sensibilidade do aparelho dos sentimentos[89]. Já expliquei anteriormente como a alma usa a vida

[89] Durante o sono, a alma afasta a sua sensibilidade do aparato das sensa-

espiritualizada para se opor às reações de emoções fortes que perturbariam o trabalho do intelecto. O sono tem algo análogo. Além disso, quando estamos todos profundamente ocupados com um objeto, de certa forma dormimos para todo o resto. Podemos induzir o sono ou nos defender dele, pois é uma necessidade do corpo, até certo ponto sujeita ao império da vontade. A atividade da alma despende, durante a vigília, grande quantidade de vida espiritualizada e, quando não sobra, os movimentos do corpo são difíceis de executar e os órgãos cansados devolvem-nos uma sensação de desconforto. A alma então sente necessidade de descanso, o que a leva a relembrar a vida espiritualizada à sua disposição[90].

O sono começa nas extremidades. Em seguida, ganha o tronco e, finalmente, a cabeça. Os músculos, que a vontade já não suporta, flexionam-se à medida que a vida espiritualizada se retrai[91], o que faz com que o corpo caia, se estiver de pé ou não encontrar um fulcro adequado. Os olhos e os ouvidos, que velam pela nossa preservação, avisando-nos do que se passa ao longe, são os últimos a adormecer. As mesmas gradações podem ser observadas ao despertar, mas seguem uma ordem inversa: a cabeça, por exemplo, pode estar acordada enquanto as extremidades ainda estão dormindo. A vaga sensação da existência do corpo que a circulação nervosa comunica à alma, como a de uma coisa estranha, tem uma espécie de encanto que se desvanece ao primeiro movimento. Quando o despertar é repentino, essas nuances desaparecem e a vida espiritualizada invade todo o organismo ao mesmo tempo[92].

O sono é a prova da existência da alma: demonstra a união das duas naturezas que reunimos na terra. De fato,

ções, retirando-se para a vida espiritualizada, que relembra à sua volta.

[90] É preciso uma ação de vontade para mover o corpo. Mas não é necessário para deixá-lo em repouso. A vida espiritualizada volta por si mesma à alma, assim que um sentimento de fadiga a induz a se afastar do aparelho de sensações.

[91] A alma, para possuir o corpo, imprime na vida espiritualizada, durante a vigília, uma ação permanente que mantém a retidão do tronco e o impede de cair dobrando-se sob seu peso. Essa modificação vital se espalha por todo organismo no instante do despertar e, então, serve para a execução de todos os movimentos voluntários. Talvez seja esse mecanismo, percebido de maneira imperfeita, que terá persuadido certos teosofistas de que os movimentos dos membros corporais são executados por uma espécie de superposição dos membros espirituais.

[92] O sono, estritamente falando, só existe na cabeça. Porque é aí que se encontra o centro da sensibilidade, com o qual a alma se comunica e do qual se isola quando dormimos. Mas como ela possui o corpo por meio da vida espiritualizada, ele se afasta gradativamente do organismo quando surge a necessidade de descanso. Além disso, todos os fenômenos de que falo referem-se apenas ao sono normal no estado de saúde.

se o jogo do organismo produziu sensibilidade e inteligência no homem, como produz a vegetação nas plantas, não poderíamos suspender o trabalho de nossos pensamentos à vontade e privar o corpo dele por um tempo. Se prestarmos atenção que o sono está sob vários aspectos sujeito ao império da vontade, que pode se defender dele, deleitar-se ou expulsá-lo, continuaremos convencidos de que o poder de pensar, que assim se separa do organismo, não pode ser um produto.

Será lembrado que a vida espiritualizada é formada daquela porção do fluido nervoso que o centro de sensibilidade constantemente deixa escapar do cérebro para a alma. Ele se acumula quando dormimos e seu contato com o sistema nervoso logo adquire intensidade suficiente para nos forçar a receber as sensações que ele nos envia. Essa é a causa natural do despertar, basta fazer as pessoas entenderem que qualquer comoção violenta deve ter o mesmo resultado.

No estado de saúde, após uma longa vigília, o primeiro sono é profundo. Mas torna-se mais leve à medida que a vida espiritualizada, ao se renovar, restabelece o contato íntimo da sensibilidade com a sensibilidade. É então que se formam os sonhos que, por isso, costumam ser mais frequentes e mais seguidos pela manhã.

A explicação dos sonhos está inteiramente na memória. As comunicações imperfeitas que, durante o sono, continuam entre a alma e o corpo, dão-nos semissensações que reproduzimos ocupando-nos com elas, assim como as nossas memórias reproduzem no cérebro as primeiras impressões que desejamos examinar. No entanto, existe essa diferença entre o trabalho da memória e o dos sonhos. é que a primeira é feita com conhecimento de causa, enquanto, na segunda, nossa alma tendo se afastado da sensibilidade do cérebro, não possui mais, mas recebe imperfeitamente como uma obra estranha, as impressões que ali tem[93].

As sensações que recebemos durante o sono têm diferentes causas. Eles surgem dos movimentos espasmódicos e espontâneos que o cérebro ou os plexos tomam de si ou das impressões que o corpo recebe e que nos são transmitidos de forma incompleta. Em ambos os casos, nossa alma, ao procurar examiná-los, imprime na vida espiritua-

[93] Veremos mais adiante que às vezes um magnetizador também pode causar a mais completa ilusão ao seu sonâmbulo, ao traçar por sua vontade, no cérebro deste, todas as imagens que deseja.

lizada um movimento que traça novas imagens na sensibilidade do cérebro e, consequentemente, nos dá outras sensações[94].

Se acontecer, por exemplo, que um movimento espasmódico dá à nossa alma a imagem confusa de uma floresta, enquanto procuramos examinar este lugar selvagem, pintaremos em nosso cérebro todos os detalhes que supomos existir, e se surgirem ideias de perigo para se juntar a eles, logo veremos bandidos ou algum animal que ameaça dos acidentes mais desastrosos. Um sonho cujo medo rastreia as imagens geralmente termina com um doloroso despertar, provocado pela ansiedade das emoções que nos causa. As imagens dos sonhos costumam ser desordenadas, pois são produzidas uma a uma, despertando em nossas memórias sensações que a realidade jamais poderia reunir.

A alma nem sempre se engana completamente durante o sono, às vezes percebe seu erro ao comparar a memória da realidade com a desordem dos sonhos. Essa situação é digna de nota. Vemos as sensações do sonho e as memórias da realidade lutando entre si, traçando imagens opostas no cérebro. E é a alma que, excitada de várias maneiras, pinta ela própria esses quadros contraditórios. É um espetáculo que ela se entrega sem que ela saiba, a vida espiritualizada lhe serve de meio, sua memória como ator e a sensibilidade do cérebro teatral. Talvez não haja nada na vida que diferencie melhor o poder do pensamento do jogo do organismo e do trabalho dos pensamentos.

A ilusão do sonho continua, embora nosso julgamento tenha percebido isso por um momento. Você tem que acordar para escapar de seus sonhos e muitas vezes tenta em vão. Pois a alma só pode quebrar o círculo de sensações que a mantém ali por um choque violento[95]. Às vezes, nos sonhos, a vivacidade das imagens e sua conexão nos cativam a ponto de não nos deixar sentir nada além. A alma, absorta nas sensações que delas recebe, ordena movimentos que a vida espiritualizada faz com que o corpo execute sem interromper o sono. Este estado, denominado sonambulismo natural, não é muito raro e apresenta um fenômeno contrário ao do sono normal. Pois os membros estão acordados e a cabeça não, já que a vida espirituali-

[94] Alguns sonhos podem ser resultado de influências estranhas, como podemos julgar mais tarde.

[95] A alma é igualmente retida na Terra pelo círculo de sensações que nela recebe. Porque cativamos uma alma pela sua sensibilidade, como acorrentamos um corpo pelo que forma a sua consistência.

zada, ao invés de invadir todo o cérebro, só atua sobre a sensibilidade seguindo a série de sensações que o sonho produziu. A atenção que nossa alma dá a ele o isola de tudo o mais.

Para desfrutar de um sono tranquilo, geralmente é necessário que o estômago não esteja sobrecarregado. A proximidade deste órgão, com os plexos, provoca aí, nas digestões laboriosas, uma sensação de desconforto que reage no cérebro e dá origem a sonhos cansados.

Da imbecilidade e da loucura

As alienações mentais surgem de um defeito ou desordem nos órgãos que servem na Terra para as comunicações entre a alma e o corpo. Eles podem ser classificados em duas classes: imbecilidade e loucura.

A imbecilidade é nativa ou acidental, tem sua causa na incapacidade do cérebro. É um instrumento que em relação aos pensamentos nunca esteve ou não está mais em estado de uso.

A alma possui o poder de pensar sempre no mesmo grau, mas o trabalho dos pensamentos é feito no cérebro, e este órgão ainda não está desenvolvido nas crianças e perde sua força quando chega a velhice. Na meia-idade, o menor acidente, um resfriado comum, por exemplo, é suficiente para diminuir sua capacidade para o trabalho. A alma então se aplicaria desnecessariamente ao estudo, o órgão recusa seu serviço. Ela julga muito bem que o obstáculo vem da indisposição do instrumento que ela emprega, e pode facilmente distinguir assim o poder de pensar da execução de pensamentos.

A imbecilidade tem diferentes graus; geralmente é causada pelo enfraquecimento do cérebro, e pode ser o resultado de uma queda, um golpe na cabeça, enfim de qualquer coisa que possa atrapalhar o funcionamento dos pensamentos ou impossibilitá-lo.

A loucura se manifesta quando nossas sensações deixam de estar relacionadas com a existência das coisas.

Adquirimos todo o nosso conhecimento da terra por meio das sensações, devido às impressões que os corpos ao redor fazem em nossos órgãos. Assim, normalmente há uma relação necessária entre objetos externos e nossos julgamentos. Na loucura, ao contrário, o cérebro toma de si as impressões que os objetos externos deveriam produzir. Isso resulta em sensações que não têm mais nenhuma conexão com a realidade. Enganamo-nos, então, em continuar a atribuir essas sensações à existência das coisas, embora sejam devidas a convulsões do órgão. O mesmo erro nos leva ao erro nos sonhos, e sua explicação pode, de muitas maneiras, ser aplicada à loucura.

A pessoa ameaçada de loucura às vezes percebe (como nos sonhos) que suas sensações atuais não estão mais em harmonia com o que sentia antes. Ela então hesita, ou então quer, ao contrário, forçar os outros a compartilharem suas novas ideias, e sua impaciência, favorecida por demasiada mobilidade nervosa, pode ir longe a ponto de se deixar levar, o que a distrai ainda mais. Entende-se que impressões mais fortes devem desviar a atenção das impressões mais fracas e, às vezes, até distorcê-las.

Muitas vezes, no início da loucura, o paciente é um sonhador. Ele silenciosamente se ocupa em formar sua convicção quanto ao ponto em que suas sensações o desviam, e geralmente é muito tempo depois que alguém percebe a insanidade. Só pode então se manifestar em ideias consecutivas e, como as primeiras sensações fantásticas permanecem ocultas, torna-se difícil rastreá-las de volta a elas.

Por mais rápido que sejam as reações mentais aumentadas na loucura pela extrema mobilidade do cérebro, é certo que o distúrbio sempre começa nas sensações. É até impossível que seja de outra forma, pois todas as nossas ideias, na saúde como na doença, são produzidas por nossas sensações, e podemos, com razão, considerar o delírio da febre como um ataque de loucura acidental.

Algumas pessoas erroneamente confundem afeições melancólicas com insanidade. Já expliquei como os plexos, após receberem o movimento das emoções da alma, reagiam à sua sensibilidade. Os plexos são o órgão do sentimento. Não nos dão a conhecer nenhum objeto externo, e suas funções se limitam a reproduzir o estado da alma pelas sensações que a ela retornam. Sem dúvida, suas contrações espontâneas trazem desordem na sensibilidade. Mas não engana o julgamento: às vezes até o paciente reconhece que os vapores escuros que o assediam não têm outra causa senão uma reação do físico sobre o moral. Mas como escapar de uma tristeza que a vida que nos une ao corpo, continuamente nos remete de volta? Esse é o infeliz resultado do ***spleen***[96], da melancolia e, geralmente, de todas as

[96] N.T.: Em francês, o termo *spleen* representa o estado de tristeza pensati-

afeições lentas que podem atuar nos plexos[97].

As causas da insanidade variam, assim como as circunstâncias que a acompanham. O distúrbio geralmente começa no órgão do cérebro. Também pode encontrar sua origem nas agitações violentas da alma que o precederam.

Nossos pensamentos são formados a partir das relações que nossos sentidos estabelecem entre nós e os objetos externos. São essas relações que desenvolvem nossos sentimentos e formam nossas determinações. A vontade tira a energia de nossos afetos. Pode ser absoluto quando nossas paixões o dominam e, se os acontecimentos o perturbam, ele fica exasperado, e os movimentos violentos que dá aos plexos podem fazê-los entrar em convulsão. Isso resulta em sensações desordenadas. A alma, absorvida pelos sentimentos ígneos que a agitam, perde toda a justa apreciação das coisas, e as agitações que delas o cérebro recebe às vezes dão origem a imagens fantásticas[98].

Há uma outra causa de perturbação no funcionamento dos pensamentos, que, sem ser loucura, causa, no entanto, uma verdadeira desordem. Às vezes, a sensibilidade do cérebro se torna tão exasperada que todas as sensações que ele nos comunica são dolorosas ou exageradas. Então, é difícil raciocinar corretamente. Pois as sensações do momento absorvem a inteligência, e se se deseja reunir várias delas na própria memória, a desordem se generaliza e não permite mais distinguir nada[99].

De todas as doenças que afligem a espécie humana, a loucura me parece a mais deplorável. É devido à destrutibilidade dos órgãos que utiliza a nossa inteligência, e sempre resulta de uma desordem nas comunicações entre a alma e o corpo. A explicação que dei do mecanismo dessas comunicações revela a que problemas são suscetíveis e de

---

va ou melancolia associado ao poeta Charles Baudelaire. O spleen baudelairiano é um profundo sentimento de desânimo, isolamento, angústia e tédio existencial, que Baudelaire exprime em vários dos seus poemas reunidos em Les Fleurs du mal.

[97] As relações entre sentimentos e pensamentos são encontradas entre os plexos e o cérebro. Tenho alguma razão ao supor que em afecções melancólicas, como o *spleen* (além do tratamento comum), a aplicação repetida de ventosas secas na região do coração não seria inútil. Parece também que o útero, nas mulheres, tem uma ligação marcante com os plexos.

[98] Uma vez que nossas memórias podem criar imagens fantásticas no cérebro, durante o sono, é fácil concluir que emoções violentas às vezes também podem dar origem a elas no estado de vigília.

[99] Não se deve confundir com loucura o defeito de continuação e a mobilidade das ideias, que necessariamente produz qualquer enfraquecimento do órgão cerebral. A infância oferece algo análogo. Pois, na primeira idade, as sensações se sucedem rapidamente, a memória é passageira e resultados distantes nunca são percebidos.

quantas maneiras podem ser pervertidos.

Considerações gerais sobre o magnetismo humano.

O fluido magnético do homem é a última modificação vital que chamei de vida espiritualizada. Está sujeito ao império da vontade, e é formado pela ação da alma sobre o fluido nervoso, não lembrarei sobre este assunto detalhes que já mencionei.

A vida espiritualizada é neste mundo um agente que a alma necessariamente emprega em todas as suas operações. O impulso que lhe dá, ao contrair os músculos, não ultrapassa os limites do organismo, ao passo que, para magnetizar, a vontade o projeta para fora seguindo os nervos arteriais como condutores. Esta é a principal diferença de ação entre magnetizar e agir.

Somos livres para magnetizar ou agir como quisermos. Mas os resultados são úteis, nulos ou prejudiciais, de acordo com as pessoas, as circunstâncias e as coisas. A emissão magnética enfraquece mais rapidamente quando é excessiva. Mas, nos casos comuns, o jogo do organismo, ao renovar a vida, repara a perda que dela acabamos de fazer. Não é sensato magnetizar todos os tipos de pessoas e objetos sem utilidade. Nada é mais adequado para inocular doenças contagiosas[100].

A ação magnética enfraquece enquanto for positiva. Mas pode-se magnetizar negativamente, ou seja, tentar atrair para si uma parte da vida de outro ser.

Os benefícios obtidos dessa forma estão muito aquém do que a imaginação poderia prometer. Na verdade, um homem em estado de saúde goza de tanta vida quanto seu organismo é capaz de incluir e, quando está doente, o esforço que faz para adquirir muitas vezes o prejudica mais do que o beneficia.

Apoderar-se da vida do outro e individualizá-la para o seu uso é um processo cuja singularidade requer explicação. Acabamos de ver que a vontade, ao magnetizar, descarta a vida espiritualizada do lado de fora. Podemos, ao relembrá-lo depois, envolver qualquer parte de uma vida estranha que se une e se funde com a nossa[101]. Ao magne-

[100] Quando a emissão magnética cessa, uma parte da vida emitida retorna, podendo ser alterada de forma prejudicial. Portanto, é aconselhável, quando alguém acaba de magnetizar outra pessoa gravemente doente, continuar o programa por um tempo depois, e lavar as mãos, caso tenham sido usadas como condutor.

[101] O movimento orgânico, no trabalho da digestão, também se apodera do princípio vital que emerge dos alimentos.

tizar um carvalho, por exemplo, fazemos uma aliança com a vida da árvore, sobre a qual adquirimos uma espécie de poder.

É mais ou menos assim que uma ou mais pessoas são colocadas em contato com um carvalho. Se o experimento for feito em uma floresta, seu primeiro efeito será tornar aqueles que se submeteram a ele mais sensíveis ao cheiro da exalação vegetal espalhada na mata[102].

O homem só pode apreender utilmente uma parte do movimento elementar, relacionado às forças de seu organismo. O excesso de fadiga pode destruí-lo. Os raios solares têm por si mesmos uma ação de penetrar nos corpos. Parece que, ao tentar atraí-los, eles se acumulam no cérebro e causam uma espécie de intoxicação bastante semelhante àquela que se experimenta quando se inala os vapores do álcool há muito tempo.

A intoxicação comum também é produzida pelo acúmulo de raios solares que o organismo bombeia e separa do vinho antes de ter tido tempo de assimilá-los adequadamente à vida humana. Isso resulta em distúrbios na circulação nervosa. A alma então recebe suas sensações por meio de um intermediário, alterado quanto à sua qualidade, mas aumentado em sua quantidade. De modo que a correção de julgamento entre os receptores é substituída por um vago sentimento de poder que os encanta.

A magnetização é um ato da vontade, não uma simples determinação. Estaríamos errados em supor que basta querer sem agir. A ação magnética é feita internamente como todas as obras da inteligência. Durante a execução, o cérebro deve reter o movimento no qual a vontade foi formada. Caso contrário, a emissão cessa e não magnetizamos mais. É o que acontece quando uma distração desvia o pensamento sobre outros objetos.

Para magnetizar com utilidade, basta que o desejo de aliviar um ser sofredor o leve a procurar penetrá-lo com o seu calor vital. Tão forte é a indicação da natureza, que todas as mães a sentem e a seguem quando aprendem a confiar na ajuda estranha.

As mãos são os condutores comuns de emissão magnética. Mas o sistema nervoso em geral poderia ser usado

[102] Podemos magnetizar negativamente com alguma utilidade, entre plantas, carvalho, olmo, limão e laranja. Dos minerais, apenas ouro. Se magnetizarmos os animais negativamente, devemos tirar um tempo para dormir e escolher o cavalo, o cachorro ou as vacas. Ainda duvido que tenhamos um sucesso satisfatório.

para esse fim, a cabeça, o tórax e principalmente a respiração, estão muito limpos. Ainda podemos magnetizar com o olhar e o som da voz[103].

Sensibilidade e inteligência contribuem para a emissão magnética. Mas a vontade do magnetizador pode ser formada mais particularmente sob a influência de um ou de outro. Se seu pensamento domina sua ação, ele é normalmente medido e nunca tem a energia que o sentimento lhe dá. Este, em vez de espalhar a vida gota a gota, a derrama, enquanto o organismo continuar a servi-la. A primeira forma de magnetizar não cansa visivelmente, a segunda pode levar em poucos instantes à mais completa falha. A boa vontade da cabeça exibe pouco, mas age da mesma forma, enquanto o amor de nossos semelhantes, ao nos fazer esquecer nossa individualidade, nos dá grande poder sobre a vida e pode fazer maravilhas[104].

Uma vontade fugaz, embora enérgica, raramente tem resultados satisfatórios, pois a efervescência produzida por uma imaginação exaltada é um fogo instantâneo que arde e não esquenta. Para superar obstáculos, é normalmente necessário que o magnetizador tenha grande constância e disponha-se sabiamente do uso de seus meios.

Os sentimentos religiosos são de grande ajuda para magnetizar. Levam as esperanças do homem para além deste mundo e colocam a sua vida à sua disposição, enchendo o seu coração de caridade, isto é, de um terno interesse pelos outros. Às vezes, um magnetizador, cheio de humildade piedosa, atribui seus sucessos imediatamente a Deus e os considera tantos milagres. Ele está convencido

[103] O olhar pode ser usado para magnetizar com energia. Mas para isso você precisa ter uma visão forte. Aconteceu que adormeci, entretanto, um jovem de vinte e seis anos, que duvidava do poder do magnetismo e me pediu para experimentá-lo. Peguei suas mãos e pedi que me encarasse: logo percebi que o estava perturbando, pois seus olhos procuravam evitar os meus. Logo depois, eles se fecharam e o sono veio. Estou convencido de que é por magnetizar dessa maneira que certos pastores afirmam encantar os cães, que além disso são ferozes. Eles primeiro fazem muitas contorções na frente do animal. O cão, espantado, olha para o seu adversário. Ele fixa os olhos nos dele e nunca os deixa. Logo o animal hesita, recua, fica assustado e acaba, ainda olhando para o homem que o perseguia, por se esconder em algum canto. O olhar da cobra também atua sobre sua presa. Não tenho dúvidas de que ele magnetiza com os olhos o animal que deseja devorar. As convulsões deste último, seus esforços para escapar, o terror que o apodera, descobrem que uma potência inimiga domina seus movimentos, e vimos que o fluido magnético (vida espiritualizada) é o agente que a vontade usa para mover o corpo. Ao magnetizar com a cabeça, os olhos ou a respiração, cansamos muito o órgão que usamos.

[104] Cada onda de amor contém, por parte de quem se entrega a ela, uma oferta de sua vida, e nossa capacidade de descartá-la aumenta com a energia de nossos sentimentos. Geralmente acontece, quando magnetizamos, que o enfraquecimento dos órgãos, ou sua má disposição, põe fim à emissão vital.

de que o homem não tem nada a ver com isso, e que, em suas próprias obras, ele é apenas um modesto instrumento que a Providência se digna usar. Uma alma terna encontra uma doçura indescritível no esquecimento de si mesma, abandonando-se ao sentimento que a domina. Esse erro aumenta o prazer de quem se entrega a ele e, portanto, ainda seduz sua razão, mas o leva a ilusões místicas que são sempre perigosas.

Magnetizar é usar uma faculdade muito natural. Sem dúvida, temos de Deus como todos os outros. Mas se for necessário, para fazer milagres, empregar outros meios além dos geralmente dados aos homens, o magnetismo certamente não os produz.

Já disse anteriormente, falando das reações da alma ao organismo, que nem sempre podemos produzi-las ou detê-las à nossa vontade. No entanto, são apenas essas emoções que conferem à ação magnética seu maior poder, ao colocar uma grande quantidade de vida à disposição da vontade[105].

Uma série de circunstâncias influenciam, tanto física quanto moralmente, tanto o magnetizador quanto o magnetizado. Eles interferem com os resultados esperados, de modo que os experimentos propostos muitas vezes perdem seu objetivo. Os mais interessantes nascem sem serem procurados. Além disso, um fenômeno não basta para convencer os espectadores curiosos, e aqueles que magnetizam encontrarão no decorrer de um tratamento oportunidades suficientes para aprender, se souberem observar. Portanto, nunca tente experimentar; eles quase sempre são desnecessários e muitas vezes prejudiciais.

Algumas pessoas tentaram se magnetizar; é uma indicação da natureza em todas as dores locais. Mas pode haver perigo em tentar se tornar sonâmbulo empurrando o agente da vontade de volta à sua fonte. Geralmente magnetizamos colocando as mãos, uma na região do estômago e a outra em oposição nas costas. Se você quiser despertar um sonâmbulo, terá de magnetizá-lo negativamente. Tenho visto, nas inflamações do peito, que os resultados mais felizes são obtidos magnetizando positivamente com uma das mãos e negativamente com a outra.

Uma observação final que várias pessoas sem dúvida terão feito, e que me pareceu merecer a atenção dos ob-

[105] Veja o que eu disse sobre os plexos e você poderá julgar a quantidade de vida espiritualizada que a reação da alma ao cérebro lhe disponibiliza. A vontade, nas afeições enérgicas, pode, de certa forma, aumentá-la à vontade.

servadores, é que o exercício das faculdades intelectuais do magnetizador, e em particular a da memória, sofre temporariamente de uso do magnetismo quando é persistente e excessivo. Leva tempo para recuperar o que foi perdido.

Do magnetismo aplicado à espécie humana, da sua utilidade geral nas doenças e do estado magnético, indevidamente denominado sonambulismo.

Magnetizar para curar é resgatar, com a própria vida, a vida decaída de um ser sofredor. O magnetismo, sabiamente empregado, pode, portanto, ser útil em todas as doenças, mas não dispensa o uso de remédios comuns, e muito frequentemente vemos seus esforços falharem como os da medicina. O magnetismo tem desvantagens e perigos; vou apontar alguns deles, e aqueles que entenderem bem os fenômenos que ele produz, facilmente preverão os outros.

Das três modificações contidas na vida humana, apenas uma está sujeita ao império da vontade. Parece natural usá-lo, em doenças, para ajudar o organismo sob ataque, que é o que se faz por magnetização. Eu poderia citar vários exemplos de febres adinâmicas e atáxicas curadas dessa forma. O magnetismo é de grande ajuda nas crises de febre. O arrepio resulta, creio eu, de um espasmo nos próprios órgãos em que a vida é formada. A respiração, que está dificultada, deixa de quebrar o ar com o mesmo sucesso[106], e o curso do movimento é interrompido até que seu acúmulo supere o obstáculo. Ele então corre para a circulação. O espasmo, expelido, atinge a pele. Mas o calor, que está aumentando, logo o dissipará, exalando um suor abundante do lado de fora. Esses três períodos são bem conhecidos. O magnetismo, adequadamente empregado, pode, em primeiro lugar, deter a excitação. Às vezes consegue, no segundo, dissipar o calor, obtendo uma transpiração moderada, e no declínio da febre, sempre sustenta a força do paciente[107].

A experiência mostra que nas doenças inflamatórias o magnetismo pode ser de grande utilidade. Deve, no entanto, auxiliar na sua ação evacuando o sangue recolhido na parte afetada, devolve a elasticidade aos vasos que a perderam e evita assim o regresso de uma nova estagnação[108].

[106] Na excitação, respirar não mais quebra o ar com a mesma força. Também não forma tanto ácido carbônico. Isso pode ser verificado por meio de experimentos.

[107] Frequentemente, o magnetizador que corta a febre durante o calor do ataque, experimenta um movimento de calor febril mais ou menos longo.

[108] A aplicação de ventosas secas nas costas enquanto se magnetiza, tor-

O magnetismo é o movimento elementar individualizado no organismo humano e adequado para receber a ação da vontade. É a última modificação da vida que a inteligência envolve na ação do pensamento e que, por isso, chamei de vida espiritualizada. É concebível que se a sensibilidade do corpo fosse formada por uma modificação vital tão bem assimilada à natureza espiritual, a alma receberia dele sensações que aproximariam seu atual modo de percepção daquele que um dia terá em si[109]. Isso é o que acontece no estado magnético, indevidamente chamado de sonambulismo. Pois é produzida pela mudança de sensibilidade que acabei de indicar. Em primeiro lugar, explicarei como essa mudança ocorre e, em seguida, explicarei os principais fenômenos a que ela dá origem.

Quando um homem magnetiza seu próximo, ele penetra com sua vida espiritualizada um organismo da mesma natureza que a sua, e assim comunica a ele um novo princípio de atividade. O aparecimento dessa vida estranha saudável quase nunca produz nada de notável. No entanto, pode às vezes, e especialmente nas doenças, desenvolver repentinamente, na pessoa que o recebe, um modo particular de sensibilidade que é denominado sonambulismo magnético.

De fato, se a vida espiritualizada, ao penetrar no corpo do magnetizado, se encontra atraída em grandes quantidades no curso de sua circulação nervosa, pode alterar sua natureza e repentinamente mudar seu modo de sensibilidade. Porque o fluido que o forma deixa de ser o mesmo. Os órgãos então se tornam suscetíveis a receber uma série de impressões desconhecidas no estado comum. O novo modo de sensibilidade a que essa mudança dá origem é produzido, como vemos, pela invasão da vida espiritualizada na circulação nervosa. É, portanto, muito mais próximo da natureza espiritual[110].

na-se muito útil nas afeições do peito. Pois a ação do magnetismo é mais eficaz quando é auxiliada dessa forma por uma atração material externa.

[109] No estado normal, o fluido nervoso forma a sensibilidade do corpo, e é a essa sensibilidade que devemos todas as nossas sensações na terra.

[110] A vida espiritualizada do magnetizador não produz por si só a mudança de sensibilidade que se manifesta no estado magnético. Porque tão logo tenha invadido a circulação nervosa do magnetizado, a vida espiritualizada deste o segue por esse novo caminho, e assim contribui para o sonambulismo. É por esta razão que as pessoas acostumadas ao estado magnético, entram nele sozinhas em todas as circunstâncias que possam perturbar seu sistema nervoso. Isso explica o sonambulismo magnético espontâneo, do qual temos alguns exemplos, e a catalepsia, que é, creio eu, apenas o mesmo fenômeno acompanhado de completo isolamento. Eu não fui capaz de observar. Mas acho que um bom magnetizador, ao magnetizar um cataléptico, se faria ouvir sobre isso e, então, facilmente conseguiria, só pela força de

Qualquer mudança no modo de sensibilidade é acompanhada por um momento de sono. É causada pela interrupção das relações da sensibilidade com a sensibilidade anterior, e serve de passagem para a formação das relações com a nova sensibilidade. Esse instante de sono deu origem ao nome do estado magnético, sonambulismo. Denominação imprópria, visto que este modo de existência inclui vigília e sono, e aí a alma continua todas as suas percepções[111].

A faculdade de receber as sensações da vida comum é preservada no estado magnético, pois a mudança ocorrida é efetuada por aumento. Pode, entretanto, acontecer, especialmente nos primeiros dias, que a sensibilidade do sonâmbulo, desviada da sensibilidade nervosa, esteja tão absorvida em suas relações magnéticas que se torne estranha a todas as outras relações[112].

Esse estado, que é chamado de isolamento, normalmente não é de longa duração, mas pode reaparecer no decorrer do tratamento e, enquanto continuar, o sonâmbulo vê e ouve apenas pela rota magnética. Qualquer coisa que o atingisse, por outro lado, perturbaria suas novas percepções e lhe causaria problemas extremos.

O trabalho da memória é feito no cérebro. Nossa vontade reproduz ali, por meio da vida, as imagens e circunstâncias de nossas memórias. Mas a sensibilidade do órgão

---

sua vontade, restaurar-lhe o uso dos membros. Basta comparar os fenômenos do isolamento magnético com os da catalepsia para reconhecer que têm a mesma causa. Na verdade, isoladamente, o sonâmbulo só vê e ouve seu magnetizador. Às vezes, seus membros retêm momentaneamente a atitude que isso os faz assumir, e ele pode se tornar quase totalmente insensível a qualquer coisa estranha ao magnetismo. Este estado tem nuances, é mais ou menos completo e talvez seja absoluto na catalepsia. A vida espiritualizada está muito próxima da natureza espiritual para agir imediatamente sobre a excitabilidade muscular, e quando a sensibilidade que se apodera da sensibilidade da alma permanece estranha ao fluido nervoso, a vontade deixa de ser capaz de contrair os músculos. Pois ela segue o caminho das novas sensações e exerce sua ação apenas sobre o intermediário que as comunica, ou seja, sobre o novo modo de sensibilidade formado pela vida espiritualizada. Nesse estado, a sensibilidade não é mais material o suficiente e o corpo não obedece mais à ação da vontade.

[111] Quando o modo de sensibilidade muda, há uma interrupção nas sensações, até que a sensibilidade seja relacionada à nova sensibilidade. Essa interrupção serve de passagem de um para o outro. Ele precede o estado magnético e o retorno à vida cotidiana, é chamado de sono. Se a emissão magnética se limita a suspender as relações da sensibilidade com a sensibilidade, esse sono termina com um despertar que não deixa na mente nenhum vestígio do tempo decorrido.

[112] O isolamento magnético tem alguma analogia com o isolamento do sonambulismo comum, durante o qual a alma, absorta no exame de uma série de sensações, não está mais preocupada com aquelas que podem vir a ela por outro caminho. E se, para distrair o sonâmbulo, você empregar algum meio violento, frequentemente lhe são causados sustos perigosos.

não deve ter perdido nada de sua extensão, caso contrário a vontade não encontra mais ali os elementos das sensações primárias. Portanto, é impossível renová-los e o trabalho da memória torna-se impossível. É o que acontece quando, do estado magnético, voltamos à vida comum. Essa observação é aplicável a todos os sonâmbulos, basta notar que o estado magnético é o resultado de uma mudança no modo de sensibilidade[113].

Tenho visto muitas vezes pessoas saírem do sonambulismo com as almas cheias de emoções que em vão procuraram vincular à sua causa. Aqui está, creio eu, a explicação dessa singularidade[114].

Todas as sensações de um sonâmbulo magnético surgem de impressões recebidas por um modo de sensibilidade que se tira dele ao despertá-lo. Sua sensibilidade remanescente não pode mais reproduzi-los e, portanto, suas memórias ficam suspensas até que o estado magnético reapareça. O oposto acontece ao entrar em sonambulismo. Pois a mudança é efetuada por aumento, e a sensibilidade aprimorada atende à ação da vontade ainda melhor. Esse fenômeno, do qual a imaginação não pode participar, é fértil em consequências, e convido a ele a atenção dos observadores.

A memória da alma se estende além dos limites que podemos atribuir a ela, e as memórias de detalhes persistem muito depois de se acreditar que foram apagadas. Eu tinha prometido a mim mesmo, entregando-me à prática do magnetismo, submeter-me aos caprichos de meus sonâmbulos ao invés de influenciá-los, e não provocar nenhuma experiência, a fim de observar na ordem mais natural os fenômenos que apareceriam[115].

[113] O desaparecimento da memória, ao retornar à vida cotidiana, pode sofrer algumas modificações pela vontade do magnetizador e pelo longo uso do magnetismo. Pois existem sonâmbulos que não podem mais lembrar completamente da vida cotidiana. Sempre resta para eles algo de sensibilidade magnética.

[114] A memória é uma reação da inteligência à sensibilidade. Segue todas as vicissitudes da sensibilidade. Pois na Terra só podemos chegar à sua sensibilidade por meio da sensibilidade do cérebro. Todas as sensações recebidas em um estado magnético participam do modo de sensibilidade que lhes deu origem. É por isso que não podemos mais reproduzi-los quando ele desapareceu. Esse fenômeno distingue o poder de pensar da execução de pensamentos e prova que, em nossas memórias, a sensibilidade do cérebro é apenas um instrumento obrigatório. É inútil apontar que o intermediário da sensibilidade do corpo é apenas um meio de pôr em ação uma faculdade da alma. Que, consequentemente, tão logo este possa atuar diretamente sobre sua sensibilidade, ele encontra em si o princípio de todas as sensações que é capaz de receber.

[115] Eu era, perto dos meus sonâmbulos, apenas um agente ativo e dedicado. Eu não discuti e não me entreguei aos meus pensamentos até depois

Minhas duas primeiras sonâmbulas eram irmãs. Executava suas prescrições e às vezes também cedia aos seus caprichos. Era janeiro, a neve cobria a terra e todas as manhãs eu magnetizava continuamente por uma hora. Um dia, quando minhas sonâmbulas estavam sofrendo mais do que o normal[116], elas me imploraram para abrir os olhos e deixá-las no estado magnético. No dia seguinte, quando voltei, elas ainda estavam lá, porque haviam dormido e acordado sem voltar à vida normal. Eu só notei que as pálpebras estavam ficando pesadas e a visão estava começando a ficar turva. Renovei o magnetismo e, a pedido delas, deixei-as sonâmbulos como no dia anterior. Essa ordem de coisas durou dias, semanas e meses. Porém, os acidentes que motivaram essa ação primeiro foram se dissipando sucessivamente, e a saúde até trouxe melhorias muito satisfatórias. Havíamos chegado na época das flores. A primavera brilhava com todo o seu esplendor e, numa bela manhã desta estação agradável, conduzi minhas sonâmbulas e sua mãe ao parque de Mousseaux. O passeio não era público, pois pertencia a um membro do governo da época. Mas eu tinha obtido um cartão de entrada. Ocorreu-me acordar minhas sonâmbulas à beira da água, sob tufos de lilases e laburno que se erguiam sobre os restos de um edifício em ruínas. Devo a essa fantasia uma das manhãs mais agradáveis da minha vida. Imagine a surpresa, ou melhor, a felicidade de duas jovens que adormeceram rodeadas de neve e que eu estava a acordar no meio das flores. Transportadas, como que por milagre, para um lugar encantador onde a primavera emanava esperança e prazer, apressaram-se em desfrutá-la e respiraram deliciadas o ar doce e perfumado que as envolvia. A mais jovem, em sua alegria, pisou na grama que brotava, saltando para a campina, e correu de um arbusto para outro, para trazer de volta algum novo butim. Foi uma verdadeira intoxicação que o curso da vida cotidiana nunca pode oferecer.

O longo período de sonambulismo não deixou vestígios na memória das duas irmãs. Uma série de circunstâncias que já não se apresentavam à sua memória reapareceram tão cedo com os seus detalhes. Por exemplo, quando os coloquei para dormir em janeiro, eles ficaram perto do fogo, trabalhando em afazeres femininos. Três meses depois, no

de deixá-los. Esse comportamento tem suas desvantagens, mas me parece o mais adequado para observação.

[116] Sonâmbulos em estado magnético têm mais força para suportar a dor e mais recursos para remediá-la.

final de abril, pediram os bordados em que se ocuparam, as agulhas, o fio e a seda que usaram, as tesouras que na minha chegada colocaram na lareira, etc., etc. A mãe delas teve que responder a uma série de perguntas desse tipo, o que lhe causou grande surpresa e se tornou objeto de minhas meditações.

Minhas sonâmbulas, ao acordar, haviam relembrado detalhes de antes de sua entrada no estado magnético; concluí que muitas memórias, que se acredita terem sido apagadas, são preservadas internamente. A extensão das faculdades da alma é limitada na terra pela natureza dos órgãos que empregam: nossa inteligência se liga apenas a memórias notáveis. As sensações que devemos às coisas indiferentes passam, de certa forma, despercebidas. Mas quando muda a sensibilidade, as impressões mais recentes, na possibilidade de memórias, parecem-nos as últimas. Nós os consideramos presentes, porque contamos com o decorrer do tempo apenas pela sucessão de sensações que ele nos traz.

A existência do homem na Terra separa sua sensibilidade das obras de sua inteligência, empregando para seu uso duas modificações vitais diferentes: uma é o fluido nervoso, pertence ao corpo e nos transmite as impressões que os órgãos receberam. O outro, que chamei de vida espiritualizada, é o agente da vontade. O sonambulismo magnético é causado pela invasão da vida espiritualizada na circulação nervosa. Portanto, estende o império da alma e desenvolve sua ação à medida que a materialidade dos órgãos lhe oferece menos resistência. Disto nascem todos os fenômenos do sonambulismo magnético. Sabemos, por exemplo, que a luz é produto do movimento elementar em liberdade, e devemos concluir que a vida espiritualizada é luminosa, porque é formada por esse movimento liberado da matéria.

Na verdade, a vida espiritualizada é uma luz muito próxima da ação espiritual para causar uma impressão em nossos órgãos no estado normal. Mas o magnetismo aperfeiçoa e muda o modo de sensibilidade. O sonâmbulo vê a vida espiritualizada e dispõe da sua para encontrar o objeto que o ocupa e trazer de volta a imagem dele em seus olhos. Essa forma de ver é muito ativa. É um ato de vontade que pertence, creio eu, exclusivamente à espécie humana[117]. Não é assim com a sensibilidade magnética.

[117] À vista comum, a luz do dia não nos pertence e recebemos passiva-

Alguns animais parecem possuí-lo naturalmente e esta pode ser a causa da superioridade da visão sobre a nossa. Sabemos que os pássaros são particularmente favorecidos nesse aspecto. Eu estava caminhando um dia na hora das primeiras ninhadas em um parque perto de Paris. O espaço era grande. Alguém se ofereceu para nos levar ao ninho de uma toutinegra. Ele foi colocado em um arbusto, e lá encontramos a mãe e seu filhote, mal coberto com as penas emergentes. Tive a fantasia de magnetizá-los, mais para exercer uma faculdade, então nova para mim, do que por um determinado motivo de curiosidade. Eu estava na segunda fila de espectadores e a mão que usei estava a pelo menos dois metros do ninho. Observei a toutinegra atentamente. Ela virou a cabeça para o meu lado, demonstrando impaciência, o que não me impediu de continuar com gentileza, mas para seu grande desgosto, pois seus olhos brilhavam. Eles foram fixados na minha mão e nunca a deixaram. Finalmente, num movimento de raiva, ela se levanta, deixa seus filhotes, voa direto para mim, passa entre os espectadores, aplica cinco ou seis bicadas na minha mão e desaparece. A audácia dessa mãe, que acabava de escolher essa forma para me agredir, surpreendeu ainda mais porque não se suspeitava da causa. Quanto a mim, não podia ignorar que todos os seus movimentos estavam de acordo com a emissão magnética que eu dirigia.

A vida espiritualizada é o intermediário que a alma utiliza para atuar no organismo. Além disso, quando um magnetizador o gasta excessivamente, seus movimentos se tornam dolorosos e difíceis de executar. Conheci uma família de ex-colonos de Santo Domingo de que os infortúnios da época não pouparam uma jovem. Ela estava com uma saúde deplorável. Certa manhã, eles vieram com pressa para buscar seu médico. Eu morava na casa desse médico, mas ele estava fora, o que aumentou a preocupação e me determinou a ir à paciente. Eu a achei privada de senti-

mente as impressões que ela traz aos nossos olhos. Mas, na visão ativa, a luz da vida espiritualizada nos pertence, é a nossa vontade que dispõe dela para buscar a imagem dos objetos. Esta última forma de ver é muito espiritual, mas muitas vezes engana, iluminando apenas uma parte da imagem. Além disso, todas as sensações no estado magnético são mais extensas, mais vívidas e mais penetrantes. Eles revelam uma série de novos relacionamentos e fornecem aos sonâmbulos muitos meios de julgar as necessidades dos pacientes que os consultam. É assim que eles podem avaliar o efeito das drogas e calcular os recursos e o curso da natureza. Não entrarei em maiores detalhes sobre este assunto, basta que saibamos que é sempre por uma espécie de aplicação que os sonâmbulos fazem de sua sensibilidade ao estado dos pacientes e (em sua previsão) ao efeito das drogas, que eles julgam um pelo outro.

mento. Sua triste família já estava de luto por ela. A síncope durou uma hora e meia. Procurei em vão a pulsação e as batidas do coração. Um espelho que eu trouxe não me deu nenhuma certeza sobre sua respiração. Era impossível engolir qualquer coisa, e as substâncias voláteis foram usadas sem sucesso. Então, propus magnetizar, e fiz isso com energia. A visão que eu tinha diante de mim me interessou profundamente, sem me agitar[118], e senti uma grande força. Fiz passes, usei a fixação das mãos e principalmente a respiração. Finalmente, depois de quarenta e cinco minutos, a paciente respirou fundo. O pulso aumentou instantaneamente. Senti uma dúzia de pulsações que se seguiram rapidamente e depois morreram. Eu continuei. O mesmo fenômeno se repetiu com mais tempo, e logo depois a respiração foi totalmente restaurada. Logo o pulso ficou cheio e regular, as bochechas coradas e os olhos abertos. Eles brilhavam com um brilho extraordinário. Esse rosto, sobre o qual poucos minutos antes já se assentavam as sombras da morte, de repente veio à vida, e o paciente, que nunca se sentiu tão forte, queria absolutamente se vestir. Fui para uma sala contígua, da qual fui chamado de volta depois de quinze minutos, pois uma nova queda acabara de ocorrer. Eu magnetizei novamente, e as mesmas forças e a mesma cor reapareceram. Saí então, avisando que provavelmente outra debilitação se manifestaria mais tarde, mas que não seria longo nem perigoso[119]. Ao sair, senti minhas pernas se dobrarem e, sem o corrimão da escada, que me sustentava, teria caído, creio eu, na descida. Meus músculos, porém, não pareciam cansados, só sentia peso e vontade de dormir.

O estado magnético dá os meios de ver o interior dos corpos, e a lucidez dos sonâmbulos, em relação a isso, é tão perfeita que a vida espiritualizada tira completamente deles o domínio da sensibilidade. Tem diferentes graus e varia de acordo com os indivíduos e as circunstâncias. Quando um sonâmbulo quer, por exemplo, examinar o interior do peito de alguém, primeiro ele magnetiza, ou seja,

[118] Notei que ao magnetizar, a vontade emana da vida com muito mais energia, quando os sentimentos da alma não agitam o corpo: as convulsões dos órgãos tiram grande parte dos nossos meios.

[119] Aconteceu o que eu previra: a paciente, uma hora depois da minha partida, sentiu uma fraqueza extrema, mas não chegou a desmaiar. No dia seguinte, ela entrou em sonambulismo magnético, em um estado de completo isolamento. Ela viu e ouviu apenas a mim. E sua lucidez era tal que leu com a letra do médico o título do primeiro exemplar de uma obra que ele trazia consigo. Eu não tinha buscado essa experiência, que foi provocada diretamente da minha sonâmbula, com a qual eu o havia relatado.

ele traz a luz de sua vida, e depois a traz de volta em seus olhos. É assim que no estado magnético vemos o interior dos corpos. Eu poderia citar uma série de exemplos.

Um dia eu teria que magnetizar às onze horas. Saí de casa pela manhã antes do almoço para estar livre mais cedo. Mas vários assuntos ocuparam-me até cerca do meio-dia. Em seguida, pedi que fossem servidas duas dúzias de ostras, que comi apressadamente e parti para a reunião. Eu era esperado. Contei, magnetizando, que havia saído com o estômago vazio. As pessoas começaram a reclamar quando minha sonâmbula, que acabara de colocar a mão em minha barriga, tranquilizou o grupo, afirmando que ainda via um bom número de ostras inteiras ali. Uma senhora queria consultá-la, e minha sonâmbula, depois de examiná-la com atenção, respondeu que seus órgãos não apresentavam distúrbios, mas que ali se fazia um trabalho e que, em poucos minutos, sua menstruação apareceria. Esta senhora, quinze minutos depois, sentindo-se molhada, foi para uma sala contígua e admitiu ao retornar que o acontecimento justificava a previsão.

Em outra circunstância, a mais nova das duas irmãs, de quem já falei, foi abordada por uma jovem que ela via pela primeira vez, e cuja família ou parentes ela não conhecia, a dizer-lhe o que ela achava de sua saúde. Minha sonâmbula hesitou no início, temendo amedrontá-la, mas instada por esta jovem a responder francamente, disse-lhe que tinha uma crosta aguda em um braço, em um lugar que ela indicou com a mão e que cobria as mangas de vários vestidos. A paciente foi sensível ao testemunho de discrição que recebera e concordou que a resposta era a mais exata verdade.

Por quarenta anos, a descoberta da verdade foi deixada de lado, negando obstinadamente uma série de fatos semelhantes. Preferimos presumir que milhares de pessoas educadas e de boa fé foram enganadas, de um extremo a outro da Europa, por diferentes pessoas que concordaram em usar os mesmos meios de engano. Pois os fenômenos gerais do sonambulismo são quase os mesmos em todos os lugares. Os magnetizadores são acusados de ser extremamente crédulos[120] e constantemente solicitados a novas

[120] Quando, depois de mil experiências, a desconfiança finalmente dá lugar à evidência dos fatos, a descrença vencida quase sempre dá lugar ao entusiasmo. Não estudamos mais, admiramos. Esta é talvez a causa dos erros de certos magnetizadores, que não veem nada além de maravilhas nos fenômenos magnéticos.

experiências, sempre insuficientes, pois a desconfiança os examina com um ceticismo invencível. Além disso, os mais curiosos (como os que acabei de reportar) chegaram inesperadamente. Cabe ao observador saber extrair as consequências certas.

Acabei de explicar como a visão ativa dos sonâmbulos os faz ver o interior dos corpos. O hábito que adquirem de iluminar assim os objetos que examinam e de trazer de volta a imagem deles aos olhos, pertence inteiramente à ação da alma, e às vezes a dispõe para dirigir a modificação espiritual de seu império. O sonâmbulo, então, não busca mais a situação material do objeto que o ocupa, ele a ilumina onde seu pensamento o agarra, porque o movimento de sua vida espiritualizada obedece à sua vontade, e imediatamente ilumina tudo que lhe fixa fortemente a atenção. Podemos imaginar que então os obstáculos e distâncias desaparecem. A alma não se preocupa mais com isso. Naturalmente, ele se engaja nesse tipo de investigação sem se dar conta, e com isso parece apenas recuperar um modo de ação que lhe é específico. E que o afrouxamento dos laços corporais acaba de voltar para ele. Pergunte a um sonâmbulo como ele vê apesar dos obstáculos e da distância. Ele lhe dirá que vê porque quer. Ele não sabe como conseguiu adquirir essa faculdade. Mas ele sente que é da natureza de seu ser ver assim[121]. Existem muitos exemplos a esse respeito. Não há magnetizador que, no sonambulismo magnético, não tenha observado nada disso. E eu poderia citar vários fatos que são pessoais para mim.

Uma noite, eu estava me preparando para sangrar aos pés da mais velha das duas irmãs sonâmbulas sob meus cuidados. Eu coloquei a mais nova em um estado magnético. Ela estava com dores e tinha ido para a cama em um quarto vizinho, de modo que era impossível para ela nos ver por causa de sua situação e da divisão que nos separava. Havíamos dispensado as testemunhas indesejáveis, tudo o que restou comigo foram o pai e a mãe de minhas sonâmbulas. Coloquei o pé da menina mais velha no meu joelho. Mas no momento em que coloquei a lanceta na boca

[121] A vida espiritualizada segue os movimentos da vontade, ilumina os objetos de que a alma se preocupa. Mas se esses objetos são criações da imaginação, ela apenas ilumina o trabalho dos pensamentos para trazer de volta imagens que ela mesma desenhou. Essa é a fonte comum dos erros dos sonâmbulos que se esforçam para ver à distância. A ação espiritual é muito pouco conhecida para que não haja obscuridade em uma forma de ver que lhe pertence inteiramente. O resto de minhas observações me levaram a falar sobre isso aqui. Talvez um dia ela me leve a me explicar melhor.

com a mão direita e estava prestes a abrir a veia, um grito veio da cama da irmã mais nova. Corremos para lá. Ela estava desmaiada, deitada imóvel. Eu a revivi e perguntei a causa de seu desmaio. Ela me contou todos os detalhes dos meus movimentos na operação planejada e me disse que, quando peguei a lanceta, uma emoção que ela não conseguira dominar a privara de sentir. Sua história era tão detalhada que era óbvio que ela tinha me visto tão bem quanto seus pais, que nunca me deixaram.

A mais velha das duas irmãs tinha prometido a uma senhora de quem ela gostava muito que iria vê-la e dar-lhe uma consulta. Quando o dia chegou, os empregados foram mandados embora. O apartamento, no primeiro andar, possuía uma suíte de três cômodos: uma sala de jantar, uma sala de estar e um quarto. Foi nesta última sala que nos reunimos. Fiz minha sonâmbula entrar em estado magnético e me afastei para dar mais liberdade à conversa das duas amigas. Depois de conversarem um pouco, tratou-se de extrair um calo e, embora a operação tenha sido feita com destreza, um leve movimento e um gritinho do paciente levaram a operadora a um desmaio completo. Ela teve que ser colocada na cama no fundo do quarto. Sua triste amiga segurou suas mãos e sentou-se ao lado dela. A síncope foi de curta duração e a paciente, voltando a si, pediu água. Fui até a lareira pegar uma garrafa. Encontrava-se vazia, levei-a para encher, na sala de jantar, onde tinha reparado numa fonte filtrante. Abri a torneira, a água não saiu. No entanto, a fonte estava cheia. Imaginei que fosse necessário desobstruir a torneira e usei uma palha que parti. A água continuava sem sair. Supus então que o duto de ar do reservatório estava entupido e, como era muito estreito, foi necessário partir novamente a palha para introduzi-la, mas não tive mais sucesso. Finalmente decidi voltar com uma garrafa cheia de água não filtrada. As duas amigas ainda estavam na mesma posição que eu as deixei. Minha sonâmbula me observou constantemente. Ela tinha seguido todos os meus movimentos e disse-os para mim sem omitir nenhuma circunstância. Porém, entre mim e ela havia a sala e duas paredes, e minha conduta continha uma série de detalhes que não podiam ser imaginados[122]. Eu poderia

[122] Os atores da seguinte história não são mais deste mundo. Eu ouvi de um deles em uma entrevista confidencial. A esposa de um coronel de cavalaria era sonâmbula, o marido magnetizou-a e, no decorrer do tratamento, uma indisposição obrigou-o a pedir ajuda a outro magnetizador, oficial do mesmo corpo. Durou apenas oito ou dez dias. Algum tempo depois, em sessão magnética, o marido tendo colocar a mulher em sonambulismo, esta gritou, falan-

citar vários outros exemplos de visões semelhantes, e mesmo a distâncias muito maiores, mas as circunstâncias não seriam mais convincentes.

Lembramos que depois de ter explicado o fenômeno da visão ativa, essa visão em que a vontade vê a luz da vida procurando as imagens, disse que às vezes os sonâmbulos a conduzem espiritualmente sem prestar atenção nas situações materiais, e que então ela iluminou os objetos seguindo a direção de seus pensamentos. Os magnetizadores compartilham dessa forma de agir[123], pois direcionam seu fluido natural ou espiritualmente, ou seja, magnetizam a pessoa que desejam penetrar onde o veem, ou ali onde seu pensamento se liga a ela. Se seguir a indicação natural e se limitar a penetrar com o jato da sua vida o corpo de quem quer ajudar, magnetiza naturalmente. Se, ao contrário, você cuida muito de sua pessoa para controlar sua vontade, e se, para isso, você precipita sua vida no movimento de seus pensamentos (em vez de seguir o caminho normal das ações), você magnetiza espiritualmente, pois você está seguindo a orientação espiritual[124].

O magnetismo natural, calmamente dirigido pela benevolência esclarecida, certamente oferece poucos inconvenientes. Quanto ao magnetismo espiritual, apresenta

do do oficial: «O infeliz... estou a ver... quer suicidar-se... Ele está no ***.... Ele pegou uma pistola. Corra rápido". O local indicado estava a uma légua de distância, montamos imediatamente a cavalo. Mas só chegamos a tempo de encontrar o cadáver. O suicídio fora consumado.

[123] Muitas vezes, ao magnetizar uma pessoa presente, segue-se ao mesmo tempo o caminho dos pensamentos e o das ações. Assim, a pessoa magnetiza espiritual e naturalmente. No entanto, essas duas formas de atuação são muito distintas. Aquele que magnetiza naturalmente (como uma mãe magnetiza o filho que ela aquece ao seio), se dedica. Ele não quer dominar, mas ajudar. Ele põe sua vida à disposição do organismo enfermo, cujas dores procura consolar. Aquele que magnetiza espiritualmente geralmente deseja agarrar a vontade daquele que ele magnetiza. Ele procura submetê-lo ao seu poder. Já foi dito demais que no magnetismo tudo depende de uma grande força de vontade. Segundo esta opinião, quem tenta desmagnetizar mantém o cérebro em estado de tensão, o que confere à sua vida um movimento violento e forçado, mais suscetível de provocar convulsões do que acalmá-las, ao mesmo tempo que agiria de forma mais útil, procurando com bondade e sem esforço penetrar com sua vida o ser que desejam ajudar.

[124] Os sonâmbulos que consultam luvas, roupas, cabelos, etc., seguem a ordem espiritual, ou seja, com o auxílio dessas indicações, afirmam, ao se concentrar, explorar a condição do paciente, por meio da vida disponível à sua vontade. Na maioria das vezes, eles cometem um erro ao pintar a si mesmos, em seus cérebros, tudo o que desejam ver. Na verdade, em vez de trazer para fora a ação de seus pensamentos e da vida que a ela obedece, para iluminar os objetos (o que se cansa ainda mais porque os laços corporais são menos relaxados), eles a carregam internamente e veem em suas cabeças, dando suas consultas, como vemos no sono as imagens dos sonhos. Nunca se deve consultar, exceto os presentes, e lembrar que os julgamentos dos sonâmbulos são frequentemente determinados por uma série de preconceitos estranhos ao magnetismo.

fenômenos mais extraordinários. Mas vem acompanhado de muitos erros e, quando uma curiosidade indiscreta se apodera dela, pode produzir resultados muito infelizes. É a base das comunicações com espíritos, possessões, adivinhações e todas as revelações verdadeiras e falsas de teosofistas. Para obter sucesso desse tipo, é necessário possuir uma cabeça eminentemente adequada para servir à ação da vontade, uma circunstância bastante rara, que, infelizmente, nem sempre está combinada com um julgamento altamente recomendável. A maioria dos magnetizadores que seguem este caminho são levados cegos pelo desejo inútil de se distinguir. Às vezes, também a superstição e o fanatismo se envolvem. O espírito de dominação está, entretanto, horrorizado com a natureza espiritual. Julguemos, a partir disso, o que devemos esperar daqueles que, em vez de se dedicarem à cura de seus semelhantes, os magnetizam para escravizá-los. Esses homens podem produzir convulsões assustadoras. Felizmente, porém, seus esforços quase sempre se reduzem ao cansaço desnecessário.

Muitos magnetizadores afirmam despertar e acalmar seus sonâmbulos à distância, o que pressupõe que eles estão magnetizando espiritualmente. Mas erros podem entrar em ação em suas operações. Já disse que as pessoas acostumadas ao estado magnético muitas vezes voltam ao sonambulismo por conta própria. A mudança da sensibilidade, que se chama sonambulismo, resulta de uma invasão da vida espiritualizada na circulação nervosa e, quando essa mutação da sensibilidade é habitual, o menor distúrbio pode renová-la. Conheci uma sonâmbula que voltou a um estado magnético por sua própria vontade, girando sobre si mesma até ficar tonta. Em seguida, adormeceu e perdeu a consciência, que alguns momentos depois recuperou no estado magnético ao acordar[125].

O magnetismo espiritual parece produzir o sonambulismo com mais facilidade do que o magnetismo natural, e os admiradores do maravilhoso o admiram mais. Ele às

[125] Sensação viva que o sonâmbulo experimenta inesperadamente, de repente absorve a ação de sua alma na comoção que o fluido nervoso lhe comunica a falsa perseguição que dela recebe sua vida espiritualizada, repentinamente a retira do domínio da sensibilidade, e consequentemente causa que o estado magnético cesse. O oposto acontece quando algum acidente ou dor severa ocorre a um sonâmbulo que voltou ao modo normal de existência. Pois a perturbação que sua circulação nervosa então experimenta abre o domínio da sensibilidade para sua vida espiritualizada, e reproduz o estado magnético, no qual ele não entra repentinamente, mas por um momento de suspensão de sentimento (chamado sono), que serve como um passagem.

vezes cura, usando a vida da própria pessoa sujeita à sua ação, mas então a fé do paciente deve ser completa e ele deve se render inteiramente a ela. Essa cura, que geralmente não dura muito, parece um milagre. Porque não enfraquece sensivelmente quem o opera[126]. O magnetismo natural, ao contrário, sempre enfraquece o magnetizador. As curas que ele fornece são mais duráveis. Mas eles são obtidos lentamente e só podemos aplicá-los a um pequeno número de pacientes ao mesmo tempo. É perigoso passar muito rápido de um para o outro.

Muitas vezes acontece que os sonâmbulos imaginam ver e ouvir através dos plexos. Esse erro é que eles confundem o eco da sensação com a própria sensação. Os movimentos da alma são comunicados à vida espiritualizada que a envolve, esta se encarna nos plexos, e é aí que ressoam todas as comoções que recebe. Isso resulta em sensações consecutivas que alguns sonâmbulos confundem com sensações primárias. Eu já expliquei esse fenômeno.

A vida espiritualizada é o agente que a alma usa para mover o corpo. A do magnetizador pode por vezes dar-lhe, durante o sonambulismo, os meios de fazer agir os membros do seu sonâmbulo, não com a mesma facilidade, mas da mesma maneira que ele. Este fenômeno me surpreendeu muito na primeira vez que tive oportunidade de observá-lo. A pessoa que eu estava magnetizando sentiu uma grande fraqueza nos braços, e quando ela entrou em sonambulismo, me pediu para colocar cerca de vinte moedas de ouro em cada mão. Quando a acordei, no momento do sono que leva do estado magnético à vida normal, suas mãos estavam abertas, o ouro estava prestes a cair. Eu pedi que as fechasse, e eles se fecharam instantaneamente[127]. Poucos minutos depois, minha sonâmbula acordou. Mas suas mãos permaneceram fechadas e ela reconheceu com consternação que era impossível abri-las. Ela já pensava que era paralítica. Eu magnetizei ao longo dos braços seguindo os caminhos nervosos, os músculos cederam e as mãos se abriram. Eles se contraíram tão fortemente que cada unha deixou sua marca na pele.

Desde então, observei vários fenômenos da mesma ordem. Até fiz um sonâmbulo cujas pernas estavam paralisadas andar assim. Elas o levavam, não tão saudável, dolo-

[126] Parece que um príncipe famoso foi curado por esse meio.
[127] Na transição do sonambulismo para a vida normal, os músculos do seu sonâmbulo obedecem a você com mais facilidade porque a vontade dele não os domina mais.

rosamente para uma sala de estar. Os movimentos que minha vontade dava aos músculos da paciente causavam-lhe um puxão mesclado de angústia e me cansava de maneira singular[128].

A vida espiritualizada do magnetizador contribui para a formação da sensibilidade que se desenvolve no sonambulismo. Ele a adquire pelo domínio sobre ele. Além disso, um magnetizador pode às vezes enganar as sensações de seu sonâmbulo, não apenas nas imagens, mas também no cheiro e no sabor das coisas. Basta que ele o queira ativamente, nisso ele só faz o que nós mesmos fazemos em nossos sonhos. O sonâmbulo então aperfeiçoa cada sensação iniciada procurando estudá-la[129].

Essas práticas perigosas podem levar à loucura e a todos os tipos de catástrofes imprevistas. A sensibilidade magnética dos sonâmbulos, por si só, serve muito bem à sua imaginação para às vezes não enganar seu julgamento, e é o que acontece quando as sensações que ela lhes dá adquirem o poder da realidade. A esposa de um amigo meu era sonâmbula. Seu marido a magnetizou e, cedendo às suas fantasias talvez com demasiada complacência, ele a deixou se ocupar durante o sonambulismo com tudo que sua imaginação desejasse. Ela mal conseguia distinguir as pessoas presentes, no entanto, ela fingia ver os ausentes maravilhosamente sempre que queria. Eu presenciei isso duas ou três vezes. Mas, como eu estava magnetizando seriamente por uma questão de utilidade, ela afirmou que meu fluido a estava absorvendo e que ela não podia mais ver.

Meu amigo possuía uma propriedade longe de Paris que, creio, pertenceu à Ordem dos Templários. A imaginação de sua esposa agarrou este objeto, e logo, durante o sonambulismo, ela viu esses monges antigos com o manto branco e a cruz vermelha. Disse que um deles tinha assassinado outro e, por se tratar de uma ordem religiosa e militar, também indicou a entrada de passagens subterrâneas

[128] É sempre mais fácil produzir em uma quietude sonâmbula do que em movimento. Pois é preciso um esforço para superar a inércia material dos membros, enquanto sua natureza o favorece quando você deseja que eles permaneçam em repouso.

[129] Recordo que o abade Faria, nas sessões magnéticas que deu em Paris, há quinze ou dezesseis anos, produziu um bom número de fenômenos semelhantes. Esses experimentos perigosos nem sempre são igualmente bem-sucedidos. Dependem muito do grau de perfeição da sensibilidade magnética dos sonâmbulos e costumam colocar em dúvida a boa-fé de quem os faz. Sobre esse assunto, podemos revisar o que disse sobre a formação dos sonhos durante o sono. José Custódio de Faria foi um religioso e cientista português nascido em Goa, na Índia, que se destacou no campo da hipnose e do magnetismo animal.

cheias de armas, etc., etc.

O aparecimento do monge e seus gemidos causavam acidentes nervosos nas sessões magnéticas. Meu amigo ficou ainda mais preocupado com isso à medida que emoções semelhantes começaram a se manifestar no estado normal. Primeiro queríamos apurar os fatos e decidimos partir. Um médico se comprometeu a magnetizar a sonâmbula. A viagem não foi longa. Nada do que ela havia anunciado foi verificado, e esta senhora em estado magnético, ainda nos via no campo ocupados com nossas pesquisas, quando nos apresentamos em sua casa em Paris[130].

[130] Um sonâmbulo me disse como livrar esta senhora de suas visões. Tratava-se de colocá-la no sonambulismo e de despertá-la com a vontade de tirar a memória. Ou recomendou nunca mais falar com ele sobre isso. Na operação, tive que descansar minha testa na dela, colocando um corpo duro entre nossas cabeças, a fim de fixar minha vontade pela sensação em um ponto externo. A coisa deu certo, e o que me surpreendeu foi que meu amigo, tendo então colocado sua esposa em sonambulismo, ela lhe disse que, ao acordá-la, pareceu-lhe que eu havia folheado seu cérebro. Eu poderia citar outro exemplo do desenvolvimento que o sonambulismo dá à imaginação e da pouca confiança que alguns sonâmbulos alegam ter para o futuro.
Lembramos que minhas duas primeiras sonâmbulas eram irmãs. A mais jovem atacou-se dos pulmões. Ela gozava de uma rara lucidez e me inspirou grande confiança, dando-me a descrição exata dos órgãos de seu peito. Uma noite, depois de colocá-la em sonambulismo, ela me disse que havia desenvolvido uma dor forte. Uma apresentação do futuro levou-a a um estado magnético extraordinário. Ela tinha visto seu caixão. Frios e sem vida, seus restos mortais foram depositados lá. Ela havia recebido as lágrimas e arrependimentos de seus companheiros. Ela tinha ouvido os golpes do martelo que fechava seu caixão e as canções religiosas e fúnebres dos mortos. «Ai de mim!» ela me disse, «em poucos dias terei deixado esta terra que começa a se enfeitar para mim com os atrativos da primavera. Você procura em vão me reconectar à vida. Vou sucumbir, apesar de seus esforços, como a flor murcha com a geada matinal. Vou morrer aos dezessete anos, quando meu futuro ainda era embelezado com as ilusões da esperança. Parece que a natureza me aproximou da estação dos prazeres, apenas para misturar mais amargura com meus arrependimentos, etc., etc». Tudo isso foi acompanhado de suspiros e lágrimas, e dito com um sotaque tão penetrante de verdade, que a dor da minha sonâmbula me conquistou apesar de mim mesmo. Eu queria acalmá-la. Mas, ao magnetizar com esse propósito, enfraqueci tanto física quanto mentalmente. No entanto, consegui acalmá-la o suficiente para fazê-la ter uma boa noite de sono. Eu a acordei então, e a deixei logo depois. Eu estava exausto e adormeci a caminho de casa. Mas meu sono durou pouco. Acordei no meio de uma noite escura. A ansiedade da minha sonâmbula imediatamente voltou para mim. A necessidade de ajudá-la não continha mais minha imaginação, minha razão queria em vão controlá-la. Tive que ceder por um momento e derramar algumas lágrimas. No dia seguinte, fui ver minhas sonâmbulas. Eu cuidei da mais velha primeiro. Esta, assim que entrou em estado magnético, em vez de responder às minhas perguntas sobre sua saúde, colocou a mão no meu peito e perguntou-me a causa da contração que via ali. "Você não está bem", ela me disse, "a doce e amorosa paz de sua alma tem algo sério que me preocupa. Você está sofrendo de dor moral". Fiquei calado desnecessariamente, ela logo descobriu a causa e o objeto. Os detalhes permaneceram, eu disse a eles. "Como" ela me disse, "você se deixa dominar pelas ilusões de uma criança? Ela leu sua alma enquanto você as contava, e não tenho dúvidas de que sua sensibilidade contribuiu muito para a melancolia das graças de sua história. Encanta-se fazer com que os pesares sejam ouvidos por alguém que os ouve tão bem. Meu amigo, você chorou, não vou repreendê-lo. Mas saiba que há homens que a dor mata. Minha irmã lamentou ontem, a tempestade passou, e como o caniço de uma fábula, ela se

Não tenho dúvidas de que os erros desta sonâmbula se deviam às imagens que ela própria traçava no cérebro e que já não distinguia da realidade. As ilusões se multiplicam quando a curiosidade e o amor pelo maravilhoso dominam o magnetismo. E o observador, cansado de examinar uma infinidade de devaneios, acaba se convencendo de que os fenômenos do sonambulismo se confundem com as visões de pessoas em êxtase e os milagres de homens convulsivos. Um médico, que antes era muito apressado, talvez, para professar o magnetismo, pensa que agora está explicando os fenômenos do sonambulismo dessa maneira. O que ele disse seria muito interessante se ele tivesse descoberto a causa dos êxtases. Infelizmente ele não a conhece. Continuamos falando sobre os efeitos da imaginação nos fenômenos psicológicos, mas devemos primeiro explicar como ela atua sobre os órgãos. Caso contrário, estaremos fazendo pouco mais do que esconder a ignorância em palavras. O estado magnético certamente não é um produto da imaginação, mas serve para tanto melhor, pois a sensibilidade do cérebro adquire então uma suscetibilidade muito maior do que aquela de que normalmente desfruta.

Os movimentos da alma são frustrados aqui na terra pela materialidade dos órgãos. Quanto mais força eles recebem, mais eles tendem a se separar. E sempre notei que as emoções morais desenvolvem no estado magnético uma lucidez extraordinária. É então que a visão à distância se manifesta com a maior clareza, e é por isso que vi dois sonâmbulos entrarem na exaltação magnética de que ainda não falei.

Pode acontecer que, ao magnetizar energeticamente uma pessoa sonâmbula, ela adormeça novamente. O que é usado para ela passar para um estado magnético superior. Tenho observado muitas vezes esse fenômeno; aumenta a lucidez. E o que ele me ofereceu mais notável é que as mesmas gradações são renovadas ao retornar à vida comum, e que as memórias do estado magnético superior são apagadas ao passar para o estado magnético comum.

Este fenômeno pertence, acredito, apenas ao magnetismo natural. Parece-me causado pela abundância de vida espiritualizada que produz uma nova gradação na sensibilidade do sonâmbulo. Além disso, nunca magneti-

levanta hoje. Você, ao contrário, você resistiu, e agora eu o encontro vencido pela tempestade. Irmã, ele te deve a boa noite que acabou de passar. Conte a ela sobre o frescor de sua pele, e você verá que ela já se esqueceu dos vapores do funeral do dia anterior".

zei espiritualmente, exceto por acidente, ou quando me vi conduzido até lá por um propósito de utilidade. Normalmente, eu me limitava a ajudar meu paciente. Quanto mais ele sofreu, mais eu dei a ele com minha vida. Além disso, saí das sessões magnéticas muito enfraquecido quando as circunstâncias eram difíceis.

A vida nos retém em um corpo apenas pelo equilíbrio que estabelece entre o império da sensibilidade sobre a sensibilidade da alma e o dos movimentos da vontade sobre o organismo. Esse desequilíbrio pode ser destruído (mesmo na vida comum), quando a inquietação da alma se torna extrema. O poder da ação espiritual aumenta no sonambulismo magnético à medida que a pessoa se levanta, de modo que as emoções morais podem ter consequências que não podem ser previstas no estado normal.

Um dia, magnetizando uma sonâmbula, fiz com que ela passasse para o nível seguinte. Ela era muito mais forte e, cheia de segurança, deixei-a andar pelo apartamento com uma amiga. Estavam conversando e eu não me ocupava mais com o modo extraordinário de existência que acabara de produzir, quando as duas amigas, não sei o porquê, me pediram para recitar uma cena das tragédias de Racine[131]. Deixei-me levar de maneira imprudente pelos sentimentos que este autor tão bem expressa, e só percebi a emoção da minha sonâmbula quando a vi cair imóvel a nossos pés. Nunca a privação de sentimentos foi mais assustadora. O corpo inanimado tinha toda a flexibilidade da morte. Cada membro que foi levantado caiu com o peso, a respiração parou, o pulso e as batidas do coração não eram mais sentidos. Os lábios e as gengivas ficaram descoloridos e a pele, que a circulação já não animava, adquiriu uma tonalidade lívida e amarelada. Tudo parecia me dizer que eu só tinha um cadáver sob minhas mãos. Felizmente eu estava enganado. Existem circunstâncias em que a alma domina a vida pelo próprio fato de o pensamento ir além dela. A pureza de minhas intenções deu à minha dedicação uma energia calma, mas positiva, e eu me conhecia demais para não sentir que poderia exercer grande poder sobre minha sonâmbula. Comecei por magnetizar nos plexos, depois inalei um sopro magnético pelas narinas, fiz o mesmo pela boca e pelas orelhas, e aos poucos o minha sonâmbula recuperou o uso da fala. Essa fala foi fraca no início, e tan-

[131] Jean Racine, poeta, dramaturgo, matemático e historiador francês do século XVII

to mais difícil quanto as secreções que lubrificam as vias aéreas haviam cessado totalmente. Mas logo ela foi ouvida com clareza o suficiente para responder às minhas perguntas. Entendi que nada de extraordinário alterou a saúde de minha sonâmbula, mas que o estado magnético superior em que ela se encontrava ajudara no movimento de sua alma, que, em sua emoção, havia se separado do corpo, ocasionando a modificação vital que o obedece[132]. O contato com a sensibilidade cessou, as circulações sanguíneas e nervosas pararam, e a vida espiritualizada, pronta para deixar o organismo, ainda sustentava a alma incerta, trêmula como a chama da lamparina que se apaga. É impossível, creio eu, ir mais longe e depois reentrar nos laços da vida comum. A circulação sanguínea, durante minhas perguntas, embora fraca, já havia retomado seu curso. Quanto à circulação nervosa, ela só foi restaurada na cabeça e no peito, pelo menos minha sonâmbula me garantiu que o resto do organismo ainda estava privado dela. De modo que ela viu seu corpo como um objeto estranho do qual ela não queria se vestir.[133]. Ela só consentiu cedendo à minha vontade, e avisou-me que era a minha vida espiritualizada que iria restabelecer o curso da circulação nervosa nela. Portanto, era necessário que a minha intenção, ao dirigi-la, fosse geral e sustentada.

Apressei-me em tirar minha sonâmbula de um estado tão próximo da morte. Abracei todo o organismo em minha mente, magnetizando-o com calma e sem esforço, pois sentia que qualquer ação violenta e precipitada poderia levar a convulsões perigosas. Uma vontade negativa, em qualquer lugar, interromperia a circulação nervosa e produziria paralisia. Eu acredito no frio mortal exterior na exaltação

[132] Devemos a sensação de sua existência terrena às comunicações entre alma e corpo. Podem ser interrompidas, seja porque um movimento da alma produz vida espiritualizada e cessa suas comunicações com sensibilidade, seja porque um espasmo do cérebro suspende momentaneamente o curso da circulação nervosa.

[133] No decorrer da vida cotidiana, o fluido nervoso, ao atuar sobre a sensibilidade da alma, torna-a consciente da destrutibilidade do corpo e do medo das dores que ele produz. A previsão dessa destruição contrasta com o sentimento da imortalidade de nosso ser espiritual e desenvolve em nós uma terna piedade, distante da aridez do egoísmo. A alma empresta sua sensibilidade aos órgãos que a exercem, tem jurisdição sobre os destinos do corpo e vê nele um companheiro de viagem que deve perecer e que um dia abandonará. É à pena que ela lhe dá que devemos o encanto melancólico de uma série de poemas e peças musicais. Os sonâmbulos têm o medo da morte que lhes é comunicado pelo fluido nervoso. Mas, na exaltação, a alma se afasta demais do organismo para confundir sua sensibilidade com a sensibilidade do corpo. Ele se torna um estranho para ela: é uma máquina cuja destruição não lhe interessa mais e que ela é tentada a abandonar.

magnética[134], e quando alguém sai dele, deve-se com o maior cuidado evitar todas as impressões repentinas, como as de um ruído repentino ou a luz de um flash.

Ao retornar da exaltação ao estado magnético superior, a pessoa perde a memória dela, como ao retornar desta ao sonambulismo e do sonambulismo à vida comum. Todos esses modos de existência, nos quais a alma pode exercer sucessivamente suas faculdades, podem embaraçar mais ou menos sua ação, que é completamente livre apenas em si mesma, de modo que sua memória aumenta até a exaltação e diminui gradativamente até o retorno à vida comum. A privação da circulação nervosa, que o corpo experimenta durante a exaltação magnética, deixa em seu rastro uma languidez que exige cuidados. Você não deve sair com transições muito abruptas.

Quando a velhice põe fim a uma existência honrosa, a morte é mais pacífica e solene do que triste e dolorosa. Posso citar um exemplo. Uma mulher na casa dos oitenta anos estava deitada em sua cama. Os médicos haviam se retirado, pois a condição da paciente não oferecia mais recursos, eram os últimos esforços da natureza moribunda. Uma sonâmbula que magnetizei consentiu em testemunhar. Ela se aproximou em uma meditação religiosa e reconheceu que a vida estava começando a se separar do corpo. O trabalho era feito nos plexos, ela o facilitava magnetizando suavemente. Quando a vida espiritualizada se libertou desse primeiro vínculo, uniu-se ao cérebro e, logo em seguida, a alma o carregou como um véu luminoso que o envolveu[135].

É a morte natural do homem, é calma e sem convulsões. Porém, na maioria das vezes, os acidentes e as doenças trazem um fim prematuro, e então o vigor dos órgãos

[134] "Por que me chamar de volta à vida?" disse uma sonâmbula em exaltação magnética. "Se você fosse embora, esse corpo, que me incomoda, iria esfriar, e minha alma não estaria mais lá quando você voltasse". Ela não julgou os novas relações que poderiam esperar por ela, mas as inconveniências do organismo que ela via fora dele.

[135] Sentimos que só fui capaz de julgar o que estou relatando aqui pelas respostas da minha sonâmbula. Eu perguntei a ela como ela viu a alma que tinha acabado de deixar este mundo. Ela respondeu que não tinha experimentado nenhuma sensação por intermédio de seus órgãos, cuja sensibilidade não podia receber nenhuma impressão, mas que o tinha sentido espiritualmente de uma maneira positiva que nenhuma expressão conhecida poderia transmitir. Além disso, a sensação que a vida espiritualizada dá ao escapar do corpo é a de uma luz esbranquiçada envolvendo um ser ativo. A principal união da alma com o corpo é no cérebro. O apego da vida espiritualizada aos plexos é apenas um vínculo de reação, que é o primeiro a ser rompido. Que (de acordo com os sonâmbulos) causa formigamento quando ocorre a morte natural.

ainda luta contra a destruição.

Se entendemos corretamente por que meios um magnetizador pode às vezes rastrear imagens no cérebro de seu sonâmbulo, se nos lembrarmos de como, em nossos sonhos, nós mesmos pintamos os quadros que nos seduzem e nos enganam, conceberemos as ilusões que devem ser mescladas com as comunicações com o mundo espiritual, se é que existem comunicações[136]. Na verdade, o homem só poderia entrar neste caminho entregando sua sensibilidade cerebral aos caprichos de inteligências estranhas. Ele se tornaria assim, por sua curiosidade imprudente, o joguete de um poder desconhecido cujo jugo seria tornado pesado por sua paciência em suportá-lo. Porque lhe seria impossível escapar das fantásticas sensações que o seguiriam. Essa situação violenta seria ainda mais exasperada pela certeza de ser possuído por uma vontade inimiga que deixaria para trás apenas um futuro sem esperança. Não há cabeça humana capaz de suportar tais agitações cruéis por muito tempo, e a morte ou a loucura seriam as consequências inevitáveis. Isso é o que apenas a descrença cega poderia tentar. Pois não há mais utilidade do que coragem em enfrentar um perigo que se considera impossível.

Muitas pessoas se preocupam com o espiritualismo. Parece que na Alemanha temos, sobre o absoluto, ideias vaporosas, difíceis de fixar. Se entendemos por esta palavra o próprio Deus, ou a essência das criações, imediatamente vejo o infinito sendo colocado entre mim e o que eles querem me ensinar. As concepções humanas têm limites. Pois nossas ideias participam da natureza de nossa alma, e nossa alma é um ser limitado. A inteligência que se atormenta para ir mais longe, muitas vezes deve deixar a razão para trás.

Na França, a ciência estudou demais a natureza material para não se inclinar para o materialismo. Ele contribuiu, creio eu, para a descoberta da moralidade dos interesses. Afirma-se que as ações, boas ou más, partem todas do mesmo princípio, que os homens sempre agem de acordo com seus interesses e que se trata apenas de esclare-

[136] Tente, se possível, escapar das ilusões dos seus sonhos, enquanto durarem as sensações que eles lhe dão. Acorrentamos uma alma afetando sua sensibilidade por uma série de emoções, assim como acorrentamos um corpo agarrando o material que forma sua consistência. Essas ligações são impossíveis de quebrar quando foram calculadas corretamente a partir da resistência. Um dá ao corpo uma fixidez relativa que o obriga a ficar no mesmo lugar, o outro comunica à alma uma atividade extraordinária que o cansa, atormenta e não lhe permite usar a sua sensibilidade para mais nada.

cê-los. Esta nova base, dada à moralidade, é apenas um abuso de palavras. Mas ele tende a confundir tudo, porque engana o julgamento ao colocar na mesma linha os motivos da determinação de um homem virtuoso e os de um canalha. Sem dúvida, pode-se sustentar que aquele que se imola pelo próximo cede, como aquele que o assassina, ao interesse dos sentimentos de seu coração. Mas quem criou esse interesse? Não é a sensibilidade moral que se aperfeiçoa num e se deteriora no outro? Não somos virtuosos por nossas ações, mas pelos sentimentos que as determinaram. A ação é apenas uma manifestação da moralidade de quem a pratica, e é essa moralidade que merece estima ou censura. Como já disse, o homem, em sua liberdade, modifica a sensibilidade moral que traz à terra, desenvolvendo em seus pensamentos os sentimentos de sua escolha. São eles que então decidem sobre o infortúnio ou a utilidade da viagem[137]. Voltamos bons ou ruins, dependendo se nossa inteligência colocou os prazeres de nossa sensibilidade no amor de nossos semelhantes ou no egoísmo e na perversidade.

É especialmente na moral que devemos ouvir o sentimento interior. A inteligência que se separa dele adquire apenas luzes falsas. Além disso, a ciência aqui só é útil para aquele cuja bondade ela desenvolve. Pois de que serviria conhecer a felicidade pretendida para a espécie humana, se se tivesse permitido que a faculdade de desfrutá-la se extinguisse em si mesmo? O destino da alma é colocado em sua sensibilidade moral. Deus deu a cada um de nós a liberdade de cultivá-la como quisermos. As circunstâncias então apenas excitam nossas afeições, e são elas que determinam nossas ações.

As leis da natureza são a vontade de Deus manifestada pela ordem da criação. Elas são, portanto, a própria verdade. No século passado, os filósofos queriam estudar o homem da natureza e acreditavam encontrar a imagem dele nos povos selvagens. Mas é fácil ver que a depravação progride tanto sob a influência de costumes grosseiros quanto sob a da civilização. Para conhecer o homem da na-

[137] Quando a vontade de se tornar bom se limita a uma resolução simples, ela é insuficiente. É preciso, como para magnetizar, uma vontade ativa que se espalha por todas as nossas ações. Além disso, acabo de falar das comunicações com o mundo espiritual, elas podem dar uma ideia da bem-aventurança do paraíso e dos tormentos do inferno. Que cada um julgue se gostaria de ser submetido às exigências dominadoras, aos caprichos bizarros de uma vontade formada por fantasias de egoísmo. Que ele então olhe ao seu redor, e deixe-o ver se ele vê muitos homens sob cujo império ele deseja colocar sua alma.

tureza, é necessário estudar a natureza do homem e propor um modelo inteiramente conforme com ela[138]. Essa tarefa não é isenta de dificuldades. As sucessivas gerações pesaram umas nas outras o peso do exemplo e da educação. Também existe uma influência recíproca entre o moral e o físico. Ambos se deterioraram e, sob esse duplo aspecto, muitas vezes se pode julgar a triste herança que as paixões dos pais transmitiram aos filhos. Ninguém hoje pode se orgulhar de ser o homem da natureza. Mas se quisermos saber quais são os sentimentos realmente de acordo com a natureza da alma humana, devemos despojá-la do prestígio de sua relação com o corpo e julgar quem a fará feliz? Procurar-se-ia em vão, considerando apenas os apetites físicos, classificar o homem na classe dos outros animais. As necessidades do organismo, que imperativamente os orientam, nunca podem servir de regra para as paixões de um ser perfectível, que, tanto no bem como no mal, não pode permanecer estacionário. A moral deve governar e a física deve obedecer, essa é a lei da natureza humana. Nossa consciência clama para que sejamos justos acima de tudo, e o homem se degrada abaixo dos animais, quando sua alma, em vez de regular os apetites do corpo, usa sua inteligência apenas para satisfazê-los. A reprodução dos seres é, para o físico, das primeiras leis, mas nos impõe deveres e pressupõe compromissos. Aquele que se entrega a isso de forma imprudente, sem afeição e sem escolha,

[138] A perfectibilidade do homem forma entre ele e os animais uma linha de separação que não pode ser ignorada. Chamamos entre eles de ordem natural aquilo que nossa influência não alterou e, a esse respeito, sentimos que não é de uma ordem natural para nós. A alma humana é chamada a ser educada, sua natureza a torna uma necessidade. E quanto à instrução, o homem primitivo certamente estava mais longe do ponto de chegada do que estamos hoje.

A causa da perfectibilidade do homem e do estado estacionário dos animais merece atenção. Aqui está o que acho que vi. A inteligência dos animais está sujeita às necessidades do organismo, essas necessidades a dispõem e dominam, e como as mesmas se repetem de geração em geração, os meios que a inteligência emprega para satisfazê-las nunca devem variar. Assim, a uniformidade dos produtos do instinto animal é a consequência necessária da subjugação de uma inteligência imediatamente sujeita às necessidades do organismo e por elas circunscrita.

A inteligência dos animais nunca irá tão longe a ponto de fazer fogo, porque o fogo não é uma necessidade imediata do organismo.

A inteligência humana, longe de estar subjugada às necessidades do organismo, as domina, pelo contrário, e as provê como bem entende. Às vezes os perverte, às vezes também os enobrece, sujeitando-os às regras da moralidade. As formas do corpo humano devem suas inúmeras variedades a esta causa, enquanto nos animais selvagens elas têm uma uniformidade notável; esta uniformidade é alterada assim que passam ao estado de domesticidade. Porque então o homem os alimenta, os aloja e os cuida como quer: eles não estão mais sujeitos ao seu instinto, mas a uma vontade alheia que os dispõe e de quem se aproxima.

entra em um estado subversivo de sua natureza moral. O homem que os prazeres do amor tocam com mais ternura pela sua companheira, e que aí procura apenas sensação, já secou no seu coração uma das fontes mais fecundas de sentimentos generosos e bons.

As leis da natureza humana estão em total conformidade com os preceitos da sabedoria. Longe de servir às nossas paixões, eles as comandam, e é somente ignorando essas leis que podemos supor que elas favorecem o relaxamento da moral.

O que eu disse sobre o poder do magnetizador em seu sonâmbulo indica os abusos que ele pode fazer dele. Não devemos acreditar, porém, que a vontade deste está acorrentada: ele costuma obedecer apenas porque quer. Ele pode, por sua vez, agir sobre seu magnetizador e, se tiver menos força, sua lucidez lhe dá uma grande vantagem. Além disso, apesar da aparência, muitas vezes é ele quem comanda.

Mentir não é natural para o homem; somente seu interesse o ensina a mentir, e os sonâmbulos, ao reconhecerem suas relações magnéticas, não se afastam da regra comum a esse respeito.

Seria um erro estranho se convencer de que o estado magnético fará, de um ser inconsistente e frívolo, uma personagem judiciosa e sã, como um bom médico deve ser. O sonambulismo desenvolve um modo de sensibilidade extraordinário. Ele fornece novos meios de conhecimento. Mas ele não transmite nenhum conhecimento adquirido, e nunca o vi mudar de caráter. O magnetismo pode, sem dúvida, em questão de maneiras, ter sérias desvantagens. Sabemos que todas as conexões frequentes entre os dois sexos são perigosas, e esta mais do que qualquer outra.

Muitas pessoas vão tratar o que eu disse sobre o fenômeno do sonambulismo como loucura. Outros me culparão por abrir uma carreira perigosa para a mente humana. Quanto a mim, parece-me que ninguém tem o direito de ocultar uma verdade que, por sua natureza, pertence a todos[139]. Além disso, o magnetismo é muito difundido para ser esquecido de agora em diante, e eu acreditei, ao iluminar a estrada, ser útil para aqueles que a percorrem

Fim

---

[139] Será que sabemos se não faz parte dos desígnios da Providência difundir entre os homens as verdades que a todos interessam, e não há temeridade em escondê-las, entregando ao juiz os resultados que podem produzir?

Dissertação sobre magnetismo animal

Apresentado à
Academia de Berlim em 1818 por

C. Chardel

MÉMOIRE

SUR

LE MAGNÉTISME ANIMAL,

PRÉSENTÉ A L'ACADÉMIE DE BERLIN,
EN 1818.

PARIS,

BAUDOUIN, FRÈRES, IMPRIMEURS-LIBRAIRE

Rue de Vaugirard, N°. 36, près la Chambre des Pairs

1818.

PREFÁCIO

A dissertação que estou apresentando, neste momento, foram extraídas de uma obra mais extensa da qual eu me ocupava, quando soube que o governo prussiano estava abrindo um concurso sobre magnetismo animal. Tal fenômeno, no momento de sua descoberta, havia sido bem mal recebido na França. Eu acreditava encontrar menos preconceito entre os estrangeiros e, então, decidi tornar minhas ideias conhecidas em Berlim, antes de trazê-las à luz em Paris. O trabalho deveria estar inscrito antes de 1° de março de 1818. Restava-me pouco tempo; assim, limitei-me a uma simples exposição do meu sistema, para encerrá-lo em um volume menor, e deixei aos magnetizadores as provas, para as observações já feitas e a serem feitas. Foi a eles, acima de tudo, que me dirigi, pedindo-lhes que examinassem minha tese e pesquisassem comigo, caso eu não houvesse encontrado a verdade. Afirmei tudo; mas adverti o leitor de que só estaria garantindo minha própria convicção, e que caberia a ele verificar minhas afirmações e retificar meus erros. Minha dissertação foi apresentada à Academia de Berlim no mês de fevereiro, e fui informado em 18 de março, por carta enviada por M. Erman, secretário do curso de Física, de que o concurso, que eu julgava estar sob sua coordenação, fora limitado a um simples projeto.

É sobre esta dissertação que chamo hoje a atenção de meus concidadãos que se ocupam do Magnetismo. Espero que a explicação que ofereço seja julgada mais pela experiência dos fatos do que pelas dissertações puramente especulativas. O estudo da natureza não me parece exigir nem os esforços de um gênio nem as luzes de um espírito superior; às vezes, é suficiente, para fazer descobertas, afastar toda prevenção e trazer, para as observações, bom senso e contínua atenção. É isso que acredito ter feito. Ao longo desta dissertação, serão encontradas algumas palavras novas, que me pareceram capazes de expressar mais exatamente meu pensamento, e cujo significado é de fácil compreensão; mas não constará o nome do autor.

Sem dúvida, deve-se nomear, quando, em uma obra, indivíduos ou instituições são atacados; mas quando um autor apenas explica fenômenos existentes por meio da exposição de um sistema novo, não vejo por que teria ele a obrigação de se fazer conhecido. Em efeito, que importa o nome de um homem em relação às verdades que um livro possa conter? Submeto minhas opiniões ao julgamento do leitor. Meu nome não as colocaria em condições de se apreciar melhor a sua exatidão.

DISSERTAÇÃO SOBRE MAGNETISMO ANIMAL

As leis da natureza são a vontade de Deus
manifestada pela ordem da Criação.

Poucas descobertas encontraram tantos contraditores quanto a que foi publicada por Mesmer. O entusiasmo cego de seus seguidores dava, diariamente, armas à maldade de seus detratores e, por um tempo, a incredulidade estava tão fortemente estabelecida, que se tornara quase ridículo procurar fazer novas experiências.

Agora, em geral, todos aqueles que se entregaram ao exame do magnetismo aceitam essa realidade. Além disso, muitas pessoas iluminadas tratam dele para que possamos questionar sua existência por muito tempo. Tentarei explicar os efeitos, indicando a causa que os produz.

Penso que meus leitores já tenham tido experiências de magnetismo suficientes para conhecer os fenômenos que o sonambulismo normalmente oferece. Com base nisso, lhes apresentarei o fruto de minhas meditações, sem fazê-las preceder das histórias que vi; não posso lhes comunicar todos os elementos de minha convicção, pois é impossível recomeçar com eles o caminho que percorri. O livro da natureza humana está aberto aos olhos de todos. Direi aquilo que creio e que li; meus leitores examinarão para ver se me enganei. Usarei tom afirmativo em tudo; mas declaro, aqui, não garantir mais do que minha convicção pessoal.

Magnetizar é um ato da vontade, e ela atua no corpo humano apenas por intermédio da vida: o impulso que lhe damos ao realizar os movimentos cotidianos, a traz para dentro de nós, ao passo que, ao magnetizar, a projetamos para fora. Eis a diferença.

A partir desse relato, podemos concluir que a explicação da formação da vida e dos usos comuns que dela fazemos deve preceder a do magnetismo. Antes de considerar o homem em particular, e entrar nos detalhes fisiológicos a seu respeito, é preciso dar uma olhada na criação geral, da qual ele mesmo extrai a matéria e o princípio de animação dos quais se compõem seu corpo e sua vida individual.

Podemos considerar o conjunto do universo físico e material como contendo dois princípios, a vida e a matéria. A vida dá movimento aos corpos, e a matéria é a substância que forma sua massa.

O princípio de toda animação emana do Sol; mas é preciso que essa vida primitiva seja, de certa forma, assimilada pela Terra, antes de se tornar apropriada para combinar no organismo dos seres secundários.

A fermentação[1] que os raios de sol causam no globo, ao chegar, produz exalações que denominamos de ar atmosférico.

Os seres animados encontram-se imersos nesse ar, e é daí, principalmente, que cada um deles extrai, como de um reservatório comum, o princípio de animação de que se compõe a vida do indivíduo, que a modifica segundo a natureza de seu organismo.

Os raios solares deixam de ser luminosos ao se combinar com a matéria; também deixam de causar calor (quando não ocorre liberação e nova combinação), pois o calor é apenas um efeito produzido pelo movimento de sua combinação.[2]

Consequentemente, se, por combustão rápida, forem libertados de um corpo em que se combinaram, reproduz campo de calor e luz, ou seja, os mesmos fenômenos que esses raios ocasionaram anteriormente, ao chegar ao nosso planeta; pois há, novamente, liberação e combinação com o ar atmosférico circundante.

Não me alongarei mais nessas noções preliminares; é suficiente saber que é na fonte comum que acabei de indicar que os homens e todos os seres vivos haurem o princípio de animação de que se forma sua vida pessoal.

---

[1] A eletricidade, o ímã, o galvanismo etc., são produzidos pela elaboração que a terra provoca à vida originária que ali se combina e que nela circula de um polo a outro, enquanto sua rotação diária se deve ao impulso que lhe é dado pelo chegada dos raios do sol.

[2] Por isso, o calor produzido pelo sol diminui à medida que se eleva, pois o ar com o qual há combinação torna-se mais raro. A luz que a lua nos devolve não é mais tão adequada para combinar com o nosso globo: consequentemente, ela não produz, nele, nenhum calor sensível.

As plantas, pelo mecanismo da frutificação, e os animais, por sua união, contêm uma centelha em germe; é isso que produz, depois, o desenvolvimento do indivíduo. A vida assim estabelecida cresce e se renova pelo próprio movimento que imprime à organização dos corpos, movimento que os desgasta assim que alcançam o ponto extremo de seu desenvolvimento, e que logo leva à destruição desses mesmos corpos, cuja vida, então, se esvai, pouco a pouco, seguindo os graus de sua dissolução.

A matéria é insensível, inerte, divisível etc. O globo terrestre fornece a cada um dos seres nele contidos, animais e plantas, a porção de matéria que entra na formação de seus corpos, assim como o Sol lhes fornece o princípio de seu movimento orgânico vital.

Até aqui, eu apenas considerei a criação geral sob a relação da matéria e do movimento; agora, falarei sobre sentimento e pensamento, e me ocuparei do homem, em particular. Chamamos de alma ou inteligência ao ser que sente e que pensa. A vida é uma criação intermediária entre as almas e a matéria; é de tal natureza que, modificada no organismo humano, torna-se apta a receber a ação da vontade e a transmitir movimento ao corpo.

O homem terrestre reúne em seu ser a alma, a vida e a matéria.

Sentir é crer que experimentamos sensações. Pensar, é comparar as sensações recebidas. Essas duas faculdades são, portanto, inseparáveis em seu princípio, mesmo que possamos dividi-las para examinar uma após a outra. Tomada isoladamente, a faculdade que devemos comparar e julgar chama-se inteligência, e chamamos sensibilidade à propriedade pela qual devemos ser afetados, seja pela sensação ou pelo sentimento.

A sensibilidade da alma humana pode, então, ser examinada sob duas maneiras distintas: 1ª – dando-nos a sensação da existência das coisas; 2ª - produzindo nossas paixões.

É essencial apreender bem essa divisão da sensibilidade em dois modos, para conceber as relações recíprocas da alma com o corpo.

De fato, o primeiro desses modos é distribuído nos órgãos dos sentidos, como explicarei mais tarde, de modo que o corpo seja afetado antes que a sensação nos seja transmitida; enquanto que o segundo atua primeiramente em nossa alma, que transmite aos órgãos, consecutivamente, o movimento das paixões.

O primeiro modo de sensibilidade é independente de nós; eu o chamarei de modo de sensibilidade sensual e passiva, porque recebe a sensação que os objetos externos causam aos nossos sentidos.

O segundo modo de sensibilidade, ao contrário, parte de nossa alma; para se comunicar com os órgãos, ele recebe a influência de nossas determinações; vou chamá-lo de modo de sensibilidade moral e ativa, pois nossa alma atua, então, sobre o nosso corpo, comunicando-lhe o movimento das paixões.

Todos os movimentos da alma estão sujeitos ao império da vontade; é por isso que agimos a nosso bel-prazer; pois os movimentos que comunicamos ao nosso corpo são apenas consequência dos de nossa alma.

A sensibilidade sensual é independente de nossa vontade, visto que não podemos modificar a natureza das sensações que nos fazem conhecer a existência das coisas. Ela é a ocasião comum do desenvolvimento da sensibilidade moral; esta última recebe todas as modificações que, dentro de nossa liberdade, decidimos dar-lhe, para que possamos reprimir as nossas paixões e assumir o controle delas.

A liberdade do homem está acima de nossa inteligência e, portanto, fora do nosso alvitre. É da essência da alma humana; um sentimento irresistível nos anuncia isso, sentimento esse inerente à nossa natureza; é assim que Deus nos prova. Sentimos que somos livres.

Vemos, no corpo humano, os membros de que fazemos uso contínuo crescer às custas dos outros; da mesma forma, em nossa alma, os sentimentos que nossos pensamentos põem constantemente em movimento se expandem e aumentam, enquanto aqueles que deixam de nos ocupar diminuem, gradualmente.

Convido o leitor a se concentrar nos dois modos de sensibilidade que acabei de apontar. Ambos pertencem essencialmente à nossa alma, mas ela os exerce de maneira diferente em nossos órgãos; veremos, também, mais adiante, que a sensibilidade sensual é afetada por uma modificação da vida humana, diferente daquela que a alma emprega na execução dos movimentos voluntários. Vou agora, avançando mais, dar uma ideia geral da estrutura da máquina humana.

O corpo humano é constituído de partes moles e de partes sólidas, que lhe servem de ponto de apoio.

Todos nós conhecemos sua estrutura exterior. Em sua superfície, é coberta pela pele. Ela também reveste suas partes internas.

A carne é dividida em porções separadas, formando cada qual um músculo específico.

A estrutura óssea também se divide em vários ossos unidos por articulações mais ou menos móveis, de acordo com os movimentos a que se destinam, e às vezes por articulações fixas, como nos ossos do crânio. A maioria dos músculos se liga, em suas extremidades, a diferentes ossos. Esses músculos, ao se contrair, encurtam; suas extremidades se aproximam e, por consequência, também os ossos em que estão fixados.

É por esse mecanismo que nossos membros executam seus diversos movimentos.

Nossa vontade não atua sobre os músculos, sem a intermediação dos nervos; são eles que transmitem nossas ordens às massas carnais e as fazem contrair à nossa vontade.

Os nervos são uma espécie de fios esbranquiçados, de substância análoga à do cérebro, com o qual se comunicam. Estão espalhados em todas as partes do corpo, e as extremidades de um grande número deles se perdem na estrutura da pele.

Os movimentos do corpo humano são voluntários, orgânicos ou convulsivos. A alma, por intermédio dos nervos, faz executar todos os movimentos voluntários. Os movimentos orgânicos são aqueles que a ação da vida produz por si mesma em nossos órgãos. Quanto aos movimentos convulsivos, podem ser o resultado de todas as causas capazes de trazer transtornos ao nosso organismo.

Quando digo que a vontade se serve dos nervos para mover o corpo humano, não pretendo dar a entender que ela age imediatamente sobre eles, pois, repito, a vontade só pode agir sobre a matéria por intermédio da vida. Vimos, anteriormente, que os raios solares geram calor combinando-se com a matéria; por conseguinte, toda vida individual deve produzir, essencialmente, calor; porque consiste em uma tal combinação contínua. Uma parte do princípio de animação, individualizado pelo conjunto dos diversos organismos, se evapora e se renova sem cessar; mas uma parte também se combina incorporando-se à matéria que forma o indivíduo, e não a abandona até a sua completa dissolução.

O movimento que a vida imprime à organização dos

corpos os torna suscetíveis de assimilar as diversas substâncias apropriadas à sua alimentação. É a isso que chamamos de vegetação em alguns e de digestão em outros. O homem ingere alimentos adequados para nutrir a sua espécie; o estômago os recebe, elabora e os converte em quilos.[3] Este trabalho continua no intestino delgado e diminui, progressivamente, ao se aproximar das últimas veias.

Assim, a formação do quilo, destinado ele próprio à formação do sangue, é o objeto da digestão. É um trabalho preparatório para a renovação de nossa existência física, que se compõe do concurso das circulações sanguínea e nervosa. A primeira, produz a irritabilidade[4] do corpo humano; a segunda, nos torna sensíveis às lesões que ele recebe; uma, parte do coração, a outra, do cérebro. Eles formam uma só existência; intimamente unidos em nosso organismo, contribuem para as diversas secreções e são o princípio da atividade de movimento de todos os vasos. Em organismos mais simples, como os das plantas, em que a vida não se renova, tendo apenas uma única circulação, não há nervos; é um estado mais ou menos semelhante que se reduz, no homem, à existência de um membro paralisado.

O coração é o centro da circulação sanguínea. Duas espécies de vasos contribuem: as artérias e as veias. Umas carregam o sangue para todas as partes do corpo; as outras o levam de volta, para que os anatomistas possam ver de que modo se comunicam entre si.[5] Nesse movimento contínuo, o sangue, ao percorrer nossos órgãos, fornece a

[3] *Quilo* - fluido digestivo que é formado no intestino delgado e transmitido às veias pelo canal toráxico.
Quilificação é um processo químico do sistema digestivo que converte o quimo em quilo, produto da digestão, que é composto pelos nutrientes transformados em moléculas muito pequenas, mais as vitaminas e sais minerais. As substâncias que formam o quilo podem ser absorvidas pelo organismo, isto é, atravessam as células do intestino, por meio das vilosidades do intestino delgado. Com isso, ocorre a passagem das substâncias nutritivas para os capilares sanguíneos (ocorre a absorção de nutrientes). O que não é absorvido (parte da água e massa alimentar, formada principalmente pelas fibras), passa para o intestino grosso.
Os componentes do quilo são: glicose, frutose e galactose (resultantes da digestão dos carboidratos), aminoácidos (resultante da digestão das proteínas), ácidos graxos e glicerol (resultante da digestão de lipídios).

[4] Irritabilidade é uma resposta excessiva ou demasiado intensa a um estímulo. A irritabilidade pode se manifestar de diversas formas, desde uma contração num organismo unicelular ao ser tocado até respostas envolvendo os sentidos de animais e plantas superiores de forma complexa.

[5] Essa comunicação é feita no sistema de nutrição particular dos órgãos, cujos detalhes escapam aos nossos olhos, e que fornece a cada músculo os nutrientes necessários ao seu desenvolvimento e preservação. As artérias levam o sangue para lá, e as extremidades capilares das veias o levam depois que ele deixa a porção de matéria e vida necessária à manutenção do corpo e à irritabilidade dos órgãos. Logo se verá que a circulação nervosa renova, quase de mesma forma, a vida sensível, parte da qual se une, continuamente, à irritabilidade que ela aperfeiçoa.

nutrição de que precisam. O quilo lhe fornece o material; mas é, sobretudo, através dos pulmões que se enriquece, pelo mecanismo da respiração, da vida que extraímos do ar comum e que, combinada com o nosso sangue, logo circula em todas as partes do corpo e produz sua irritabilidade. O cérebro separa da massa de sangue que o percorre uma porção dessa vida, e, por uma elaboração admirável, forma a vida do homem, propriamente dito. Até então, o corpo humano gozava apenas de irritabilidade; mas o trabalho do cérebro, apropriando-se da vida para uso de nossas faculdades espirituais, nos torna sensíveis às lesões materiais que ele recebe. Na verdade, a vida, reagindo em nossa alma, produz tantas sensações quantas tenha recebido de concussões em nossos órgãos. É isso que forma a nossa sensibilidade material, ou seja, a faculdade que a vida nos dá de sermos afetados pelos danos materiais recebidos em nosso corpo.

Essa faculdade é mantida por uma circulação que sai do cérebro: os nervos são os agentes e a levam, por suas ramificações, a todas as partes do corpo humano.

O movimento do cérebro, assim como o do coração, não cessa inteiramente até a morte; mas se ele for suspenso ou dificultado por uma causa qualquer, a comunicação com o corpo experimenta imediatamente as mesmas alterações; porque a alma deixa de estar presente ao que se passa nos órgãos, assim que o intermediário que a tornava sensível às lesões materiais vem a faltar.

Assim, o homem extrai de seus alimentos, e sobretudo do ar que respira, a vida de que se apropria, modificando-a segundo a natureza de seu ser. Essa vida, pelo jogo admirável do organismo humano, animalizada pela respiração, se aperfeiçoa no sistema de circulação sanguínea, chega ao cérebro, que a elabora novamente e se torna, por este último trabalho, apropriada às faculdades de nossa alma; produz, então, nossa sensibilidade material, comunicando-nos todas as impressões que recebe em nossos órgãos.

No estado de saúde, o jogo do organismo humano renova a vida com uma atividade e uma abundância proporcionais ao uso e, como a extraímos do ar atmosférico, a respiração se acelera na proporção do dispêndio que dela fazemos. Os alimentos que ingerimos servem, principalmente, para nutrição dos órgãos, e, com esse fim, devem ser submetidos a uma longa preparação. Gastamos, a esse respeito, de forma bastante lenta, e reparamos da mesma forma. Não é assim na vida, propriamente; o movimento orgânico a consome rapidamente e sem cessar; somos, por consequência, constantemente obrigados a extrair do ar uma nova porção de vida comum para individualizá-la, apropriando-nos dela: também o trabalho da respiração não pode ser suspenso por longo tempo, sem causar a morte.[6] É a vida que nos ensina a existência das criações terrestres; sem ela, não veríamos nada daquilo que nos circunda; porque o mundo espiritual e o mundo material não têm, por sua natureza, nenhuma ação recíproca.

O encontro de um cristal diáfano não para os raios de luz. A alma e a matéria opõem-se ainda menos obstáculos e, sem a intermediação da vida, não poderiam impressionar uma à outra, e estariam, entre si, como se não o estivessem.[7]

Situada aqui embaixo, em um mundo material, a vida que aqui nos cativa nos ajuda a conhecê-la; ela une nossa sensibilidade aos órgãos do corpo; proporciona, assim, sentidos materiais à nossa alma, torna-a sensível aos objetos físicos que a circundam. Portanto, devemos à vida o conhecimento das coisas terrestres; mas ao encerrar nossa sensibilidade sensual em órgãos corporais, limita seu uso ao exame físico e material das coisas, o único que a natureza desses órgãos pode admitir.

A existência terrestre não muda nada na natureza das faculdades da alma humana; ela apenas transporta o seu uso dentro de um corpo.

O homem fica, assim, limitado a exercer suas sensibilidades sensuais nos órgãos materiais, na impossibilidade de usá-las de outra maneira.

Acabamos de ver que o cérebro faz a vida humana e a torna adequada para transmitir à alma as lesões que o corpo recebe. Essa vida, assim preparada, é o que chamo de vida sensível ou fluido nervoso; a eletricidade, que em si mesma é apenas a vida trabalhada mais delicadamente pela Terra, pode dar uma ideia da rapidez das comunicações que recebemos.

A circulação nervosa conduz a vida sensível até o sistema de nutrição de cada órgão; ali, uma parte dessa vida se perde na irritabilidade animal que ela aperfeiçoa.[8]

[6] Além disso, o movimento da respiração favorece o do coração e, mecanicamente, é útil à circulação.

[7] Todos os esforços do pensamento não poderiam perturbar um átomo de matéria, porque as ações da alma não têm domínio imediato sobre os corpos.

[8] A dor desenvolve a circulação nervosa na parte afetada, da mesma forma que ali desenvolve a circulação sanguínea.

Uma comparação me parece dar certa ideia de como nos sentimos durante nossa existência terrena. A luz, essa vida livre que o sol nos envia, presa no gelo, representa os objetos colocados entre ela e o espelho. Da mesma forma, a vida sensível, colocada em nossos órgãos, ilumina os danos que recebem.[9] É assim que aprendemos a existência das coisas que nos circundam. As sensações que causam nos chegam do exterior, o corpo as recebe, a vida transmite-as a nós. Os movimentos voluntários, ao contrário, chegam até nós do interior; nossa alma decide, a vida faz com que os membros os executem.[10]

Portanto, as sensações e os movimentos partem de dois pontos diferentes; a vida lhes serve de veículo, mas de maneira oposta; porque ela espiritualiza, de alguma forma, as concussões físicas, tornando-nos sensíveis a elas; enquanto que, fazendo o corpo agir, ela parece materializar os movimentos da alma.

De fato, no homem terrestre, a vida, unindo a inteligência à matéria, desnatura, em sentido inverso, todas as comunicações das quais é intermediária. Agente do corpo, ela recebe lesões materiais e nos transmite sensações; agente da alma, muda a ação espiritual que a vontade lhe imprime em um movimento físico que ela comunica aos nossos membros.

A modificação da vida humana empregada nessas duas operações, não é nem poderia ser a mesma; pois a alma e a matéria são de natureza tão diferente que, enquanto uma substância é adequada para receber o impulso de uma, ela é necessariamente incapaz para receber o impulso da outra.

O fluido nervoso submetido à ação orgânica circula pelo corpo todo. Colocado entre as lesões materiais e a sensibilidade sensual, ele não pertence mais à alma, transmitindo-lhe sensações, da mesma forma que o bastão que bate não pertence ao membro atingido.

Ao contrário, a vida que nos serve para execução de movimentos voluntários pertence à alma, que dela se apo-

[9] Veremos, a seguir, que a vida sensível não age imediatamente sobre a alma, mas sobre a vida espiritualizada que comunica o sentimento à nossa alma.

[10] O agente da sensibilidade não é senão aquele mesmo que empregamos na execução de movimentos voluntários. O seguinte fato, relatado nas memórias da Academia Médica, servirá para comprová-lo. - Um militar (do ***Hôtel des Invalides***) queimou sua mão profundamente ao levantar a tampa de uma frigideira de ferro fundido que se achava quase vermelha, e só percebeu depois, ao examinar a mão. Ele não havia sentido qualquer dor. O braço desse homem, que ele estava usando como antes, tinha-se tornado completamente dormente.

dera para utilizá-la como um agente necessariamente associado, neste mundo, a todas as suas ações.

Nas sensações, o fluido nervoso reage sobre a alma, enquanto que, nos movimentos voluntários, é da alma que parte a ação; a vida a recebe e reage sobre o corpo fazendo-o mover-se.

Nossas sensações, na Terra, são produzidas pela influência que o corpo tem sobre a alma, e nossos movimentos voluntários, pelo império que a alma tem sobre o corpo.

As primeiras, são transmitidas pela vida sensível; os segundos, pela vida espiritualizada.

Denomino de vida espiritualizada àquela de que nossa vontade dispõe. É a última modificação que o corpo humano faz o princípio que o anima experimentar. O fluido nervoso a renova pelo movimento que a alma comunica ao cérebro, que espiritualiza sem cessar uma parte da vida sensível, fazendo-a entrar no trabalho dos pensamentos.[11]

Essa vida modificada está muito próxima da natureza espiritual, para que possa tornar-se objeto de uma circulação orgânica. A vontade evoca-a e recorda-a ou volta por si mesma, assim que o impulso cessa. Ela não poderá mover imediatamente o corpo que ela atravessa facilmente; mas seguindo os nervos como condutores, atua sobre eles, e estes sobre os músculos que eles contraem.

As sensações nos são transmitidas da mesma maneira, mas em sentido inverso; o fluido nervoso as recebe e as transmite para a vida espiritualizada, que os comunica a nós; ele é a voz dos órgãos, ele nos ensina o que os afeta; a alma não tem ação imediata sobre ele, porque ele permanece sob o domínio da matéria. A vida espiritualizada saiu dela, já não entra mais; mas manda o corpo executar as ordens do ser espiritual ao qual pertence.

No exame que acabei de fazer das diversas elaborações que o princípio de animação geral experimenta ao entrar na composição da vida humana, alguém deve ter notado três modificações sucessivas, em que a primeira fornece os elementos da segunda, e esta da terceira. Seria preciso, necessariamente, que nosso material estivesse vivo, e, consequentemente, que possuísse um princípio de animação próprio, antes que as modificações de sua vida pudessem formar relações recíprocas entre seus órgãos e nossa alma. O corpo humano goza, de fato, de uma espécie

[11] O exame das sensações traz, no trabalho dos pensamentos, uma porção do fluido nervoso que nos transmitiu. É assim que a ação da inteligência sobre a sensibilidade renova a vida espiritualizada.

de existência vegetal, independentemente de suas comunicações com a alma; a este respeito, a vida que possui flui, combinada com o sangue, e se fixa, em parte, encarnando-se em tudo o que forma o nosso organismo.[12]

Tal é a primeira modificação que nossa máquina causa ao princípio de animação. Une-o com matéria e confunde-o em parte.

A segunda, ao contrário, parece separá-lo; na verdade, o fluido nervoso não oferece nenhuma mistura aparente com a matéria; mantém somente a propriedade de ser afetado por ela.

A terceira modificação da vida humana entra inteiramente no domínio da espiritualidade; de alguma forma identificada com a nossa alma a apoderar-se dela, segue o movimento dos pensamentos e, reagindo sobre o fluido nervoso, faz com que o corpo execute os movimentos que a nossa vontade determina.

Essas três modificações da vida humana são importantes e devem ser lembradas. Julguei necessário chamá-las de volta, sucintamente, antes de passar a um outro assunto.

A matéria não pode corrigir um ser espiritual, pois não tem qualquer poder sobre ele; mas, se encontrar um intermediário de tal natureza que possa colocá-lo em movimento exercendo suas faculdades, eles são envolvidos, e a matéria que corrige esse intermediário, corrige ao mesmo tempo o ser espiritual que nele se encontra. Somos, assim, presos na Terra pela vida espiritualizada de que nossa alma dispõe.

Liberto dos liames terrestres, o poder de sentir e pensar é exercido imediatamente pelo ser indivisível que o possui; mas durante nossa existência temporal, a estrutura do corpo distribui o uso das faculdades de nossa alma em órgãos de que se pode privar.

O fluido nervoso permanece o mesmo; mas seja o que for que possa servir à nossa sensibilidade sensual, é necessário, por exemplo, que seja exercido no aparelho visual, para nos fazer experimentar a sensação da visão; porque as sensações que ele nos comunica não são mais do que a imagem das impressões que recebe. Deixamos, em consequência, de poder nos servir, neste mundo, daquelas de nossas faculdades cujos órgãos foram destruídos, e, desde que fiquemos na Terra, parece-nos que essas faculdades crescem, se desenvolvem e perecem com os órgãos que

[12] Produz irritabilidade muscular.

elas colocam em uso.[13]

A influência que a destrutibilidade do corpo humano exerce sobre os nossos sentidos faz-se sentir, igualmente, na execução dos movimentos da alma.

De fato, durante a nossa existência terrena, toda emoção de nossa sensibilidade moral se encarna em nosso ser material, produzindo uma contração nos plexos solar e cardíaco, do que resulta, imediatamente, uma sensação mais ou menos viva, mas sempre análoga à causa que a fez nascer.[14]

Nossos julgamentos são executados da mesma forma no cérebro, que é nosso órgão da inteligência, assim como os plexos o são do sentimento. A recordação do passado, a previsão do futuro, em uma palavra, a imensa variedade de pensamentos, são, sem dúvida, prodigiosas em sua diversidade; entretanto, cada uma dessas diversidades produz no cérebro um trabalho diferente, que a vida espiritualizada executa à medida que o recebe de nossa alma.

Esse trabalho não deixa qualquer traço atrás de si, não mais do que a imagem que os objetos deixam em nossos olhos; mas é indispensável enquanto estivermos na Terra, porque pensamos com o cérebro, assim como vemos com o órgão da visão.

Os pensamentos que devemos imediatamente às sensações que nossos sentidos nos transmitem, são causados pelas impressões que recebemos de objetos externos. Quanto às sensações que os plexos nos reenviam, elas têm também, necessariamente, uma relação direta com esses mesmos objetos, pois nascem dos movimentos da alma, que nossos sentidos causaram. Assim, no estado de saúde, nossos julgamentos são sempre consequência das relações existentes entre os objetos externos e nós. Não é o mesmo com as alienações mentais: os órgãos do sentimento e do pensamento se contraem, então, por um movimento con-

[13] Um cego conserva, interiormente, a faculdade de ver, embora tenha perdido seu uso exterior. Sua alma vê, ainda, as imagens que os sonhos lhe trazem. Em efeito, ver, na Terra, é receber a sensação que a vida faz nossa alma experimentar imprimindo, no campo cerebral, a forma e a cor dos objetos. Durante o sono, a vida que traça essa impressão é dirigida por nossas memórias, enquanto que, em vigília, ela a recebe da impressão que a luz faz em nossos olhos. A diferença consiste, portanto, no agente que dispõe do pincel; quanto à faculdade de ver que é exercida, permanece, obviamente, a mesma. Um homem cego de nascença não pode exercer a faculdade de ver nem nos órgãos que lhe faltam, nem na memória; pois nossas memórias, na Terra, limitam-se às sensações que recebemos.

[14] Deve-se ter em mente que as sensações que surgem nos plexos são o resultado de um movimento da alma, enquanto as produzidas pelos sentidos são causadas por impressões recebidas do exterior.

vulsivo, e nos comunicam de si mesmos sensações e imagens que deixam de estar em relação com as coisas, porque não são mais produzidas pelas impressões que nossos sentidos receberam.

A loucura é, portanto, uma doença dos órgãos, em que se encarnam o sentimento e o pensamento. Ela perverte o uso que fazemos na Terra, mas não muda a natureza inalterável de nossas faculdades.

Na alma humana, as sensações fazem nascer os pensamentos e estes desenvolvem sentimentos que, podem, por sua vez, produzir outros pensamentos e outros sentimentos.

A mesma relação existe, necessariamente, no corpo, entre o cérebro e os plexos, com a diferença, porém, de que os órgãos do sentimento e do pensamento não agem uns sobre os outros, a não ser por meio da alma.[15]

Agora, resta-me apenas fazer algumas observações sobre a formação da memória e da imaginação, antes de passar ao magnetismo propriamente dito.

Todo julgamento requer memória; quando o que fazemos é desviar nossos olhos de um primeiro objeto para colocá-los em um segundo e compará-los, é claro que esta comparação será feita pela lembrança do primeiro.

As percepções da alma são produzidas pelas impressões que nossa sensibilidade recebe de objetos externos; para recordar as percepções passadas, é preciso que a inteligência renove, na sensibilidade, a impressão que tenha recebido; assim, a memória é uma reação da inteligência sobre a sensibilidade. Quanto mais viva é essa reação, mais perfeita é a memória.

Ela nunca pode ter uma grande extensão; a destrutibilidade do corpo se opõe. Na verdade, a afetabilidade de nossos órgãos é tão imperfeita, que as impressões que se sucedem sem cessar formam um véu que, fugindo do presente, lançam ao passado.[16]

Daí vem que, com o vago sentimento de uma lembrança, muitas vezes nossa alma sente a impossibilidade de re-

---

[15] Assim, uma sensação nos plexos produz um trabalho no cérebro, como um trabalho no cérebro dá origem a uma sensação nos plexos; e se nos lembrarmos de como a vida espiritualizada une a alma ao corpo e lhes serve de meio de comunicação recíproca, descobriremos que uma sensação dos plexos devolve à alma o sentimento que a produziu, bem como o movimento da o cérebro renova o pensamento que lhe deu origem.

[16] Tira-se esse véu, e a memória não encontra mais nenhum obstáculo; o primeiro dia do mês torna-se tão presente quanto o último. Tal é o resultado constante do retorno do estado magnético à vida comum.

lembrá-la.[17] O obstáculo que encontramos está no nosso modo de agir na Terra. Nós o vemos diminuir à medida que avançamos no estado magnético, como explicarei logo mais.

O órgão da memória é uma espécie de sentido interior, que serve de espelho a todos os outros; nós o usamos lembrando o que sentimos ao usar nossos olhos para ver. A vida espiritualizada que nossa vontade põe em movimento imprime, então, no cérebro, as imagens dos objetos e todas as circunstâncias de que se compõem nossas lembranças: é assim que se forma o trabalho de nossa memória terrestre.[18] Mas é preciso que a afetabilidade do cérebro[19] não tenha perdido nada da sua extensão.

Na verdade, se o tipo de sensibilidade do órgão da memória tiver mudado, nossa vontade não poderá renovar as imagens, ou seja, as sensações recebidas em um modo de sensibilidade que não mais existe.

Quando digo "sensibilidade dos órgãos", não me refiro à faculdade de sentir (ela pertence somente à alma), mas à aptidão de ser afetado por diversas impressões, concluindo que, se a afetabilidade vier a mudar, a vontade se esforçará em vão para reproduzir, no órgão da memória, um tipo de doença que se tornou impossível em seu modo atual de afetabilidade.

Quando todas as nossas sensações se apagaram, por um tempo, misturadas com um modo de afetabilidade desaparecido, ficam, então, esquecidas para nós, até que esse modo de afetabilidade volte a aparecer, e permita à nossa inteligência renovar as impressões anteriormente recebidas.

É o que acontece no estado magnético: ao adentrá-lo, a afetabilidade do cérebro aumenta e suas lembranças se

---

[17] Nossa alma não tem, neste mundo, qualquer ação imediata sobre si mesma; ela só pode agir com a vida; e só recebe impressão por meio dessa intermediária.

[18] A vida espiritualizada imprime nossas lembranças no cérebro como a luz (esta vida livre que nos ilumina) imprime os objetos em nossos olhos.

[19] **Afetabilidade do cérebro** – Quando se diz que o cérebro está sendo afetado, não significa algo de forma física ou mesmo de forma psíquica medida por aparelhos ou doenças mentais catalogadas. Isso está ligado ao **transe**, dos quais existem infinitos, como constatou Albert de Rochas, mais tarde. Ele explica, que ao ingerir uma bebida você já está em um **transe** mais ou menos leve, alterado, fora das suas faculdades normais. Isso **afeta** o cérebro. Quando se usa drogas de efeito hipnótico, que causa uma superexcitação ou aumento brusco da atividade cerebral (por exemplo, cocaína ou crack), ou em sentido contrário, uma anestesia que o coloca num transe perto do coma, há aí uma sonolência, uma diminuição da atividade cerebral. De Rochas prova que isso também é feito por indução magnética, que tanto o sonambulismo quanto o êxtase são só estágios de aprofundamento de transe. O estado de coma é um transe mais profundo do que o próprio sonambulismo. N. E.

conservam; mas ao sair, essa afetabilidade diminui e perde-se a memória das impressões recebidas durante o seu aumento.

A imaginação consiste em pegar, nas ideias que adquirimos ao examinar as coisas e os tempos, uma infinidade de imagens que juntamos à nossa vontade e na ordem que nos agrada, para criar, por uma ficção, seres e circunstâncias sem realidade.

Pelo que eu disse, o leitor já sabe que o magnetismo é a própria vida; examinarei alguns de seus usos e os resultados que podem produzir.

Das três modificações que o corpo humano faz o princípio que o anima experimentar, uma só está à disposição de nossa alma: é a vida espiritualizada; ela segue as vias nervosas em todas as direções que a vontade lhe dá, e faz os músculos que ela contrai executarem as nossas ordens.

Magnetiza-se como se age por vontade própria; porque a vida espiritualizada segue o impulso que nos agrada, fora dos órgãos, como nos órgãos.

Quando um homem magnetiza um indivíduo de sua espécie, ele penetra, com sua vida espiritualizada, num organismo da mesma natureza que o seu. Esse surgimento de uma vida estranha não produz, comumente, nenhum efeito muito perceptível em quem dela se encontra penetrado, especialmente se estiver com boa saúde e não tiver uma constituição fácil de comover. Não é assim no estado de doença; a presença de uma grande quantidade de vida estranha mais ativa pode mudar, repentinamente, o modo de existência de quem a recebe, e fazer com que ele entre no estado magnético. Esse estado tem sido chamado de sonambulismo, porque tem, necessariamente, um momento de sono produzido para a cessação de nossas percepções da vida cotidiana. Essa denominação é muito imprópria; o estado magnético é uma espécie particular de existência; é onde se encontra a vigília, o sono, e a lembrança de fatos anteriores; porque contém o modo de afetabilidade comum, com aumento.

Vimos, anteriormente, que o fluido nervoso é a voz dos órgãos, que transmite as impressões por eles recebidas, comunicando-as à vida espiritualizada em que nossa alma atua.[20]

Essas impressões, portanto, só nos são dadas a conhe-

[20] A vontade não age imediatamente sobre o fluido nervoso; mas a ação que provoca faz com que flua em maior quantidade para a parte posta em movimento.

cer por meio das sensações que um intermediário transmite. Nossa alma não as possui imediatamente na sua sensibilidade, e não pode, por conseguinte, examiná-las em si mesmas, mas somente na comunicação que lhe é feita.[21]

Essa comunicação nos ensina a forma e a cor dos objetos. Ela pode, ainda, nos causar sensações agradáveis ou dolorosas; mas não nos dá qualquer outra luz, e nossa inteligência, não podendo invadir o domínio da afetabilidade do corpo, para examinar a natureza da impressão no próprio órgão que a recebeu, não sabe se ela é destrutiva ou salutar, e quais as consequências. Só a experiência nos instrui a esse respeito; até lá, só conhecemos, das lesões recebidas, as sensações que o fluido nervoso nos comunica.

As várias elaborações que o organismo humano faz o princípio de animação experimentar, separam o modo de vida submetido à ação da nossa vontade, daquele que forma a afetabilidade dos órgãos; mas no momento em que o agente da alma consegue entrar no domínio da afetabilidade, nossa inteligência penetra e vai julgar a natureza da impressão no próprio órgão que a recebeu.[22]

De fato, quando um indivíduo recebe de um outro uma quantidade de vida espiritualizada consideravelmente grande, para que parte dessa vida estranha possa, seguindo a circulação nervosa que ela penetra, chegar à alma do magnetizado pela mesma via que a sensação,[23] abre à sua inteligência o domínio da afetabilidade dos órgãos.

Então, a alma da pessoa magnetizada não limita mais seu exame às sensações que o fluido nervoso lhe comunica; mas, agindo na vida espiritualizada colocada à sua disposição, ela invade, por seus meios, todo o sistema nervoso no qual estende, imediatamente, suas investigações.

Sem dúvida, um sonâmbulo não pode sentir na vida espiritualizada as impressões feitas sobre seus órgãos (pois

[21] A dor que sentimos de um golpe não nos diz, por exemplo, que um membro foi dilacerado ou esmagado; só somos informados disso pelo exame que fazemos, posteriormente.

[22] Desengajada da vida terrena, nossa alma sente e pensa em si mesma. Sua inteligência examina, em sua sensibilidade sensual, as sensações imediatamente despertadas nela pelos objetos exteriores; enquanto neste mundo, não recebendo nenhuma impressão direta de fora e sendo incapaz de estender nossa investigação ao domínio da afetividade dos órgãos, nosso exame só tem a sensação que o fluido nervoso nos transmite.

[23] Materialmente falando, a alma não está em lugar nenhum. Portanto, é o único caminho pelo qual a vida espiritualizada emitida na ação magnética pode chegar até ela. O instante em que a alma não atua mais na via normal e, ainda, não atua mais na via magnética, é preenchido por um sono mais ou menos longo. Se a transmissão magnética interrompe o modo de vida comum sem ser suficiente para alterá-lo, esse sono termina com um despertar que não deixa no pensamento nenhum vestígio do tempo decorrido.

não é de sua natureza receber imediatamente impressões materiais), mas elas seguem todos os movimentos de sua vontade e lhe dão os meios para ver o interior do corpo iluminando-o; de fato, no estado magnético, os órgãos dos sentidos são afetados de duas maneiras diferentes. Os olhos, por exemplo, não se limitam mais a receber a luz comum, a imagem dos objetos; essa imagem lhes é, entre outras, comunicada pela via espiritual que vai imprimi-la sobre a retina; mas então, essa impressão não é produzida pela relação das situações; é devida à ação da vontade sobre a vida espiritualizada que lhe obedece e que carrega em si, como toda luz, a imagem dos objetos que ilumina.[24]

O sonâmbulo, portanto, vê o interior de seu corpo e, assim que sua atenção se fixa mais particularmente numa parte para a qual a dor o chama, ele não apenas a vê; mas ele julga seu estado, do qual identifica os perigos e calcula os recursos; pois sua inteligência, tendo invadido o domínio da afetabilidade, dispõe de toda espécie de meios para prever e acompanhar, no próprio corpo, o progresso da doença e o efeito dos medicamentos.

Um sonâmbulo conserva o uso de seus sentidos na vida cotidiana; mas nas primeiras vezes em que entra no estado magnético, as faculdades de sua alma encontram-se envolvidas na nova vida espiritualizada colocada à sua disposição e o absorvem de tal forma que já não está presente nas comunicações transmitidas pela vida comum. Qualquer ação que venha, por outro lado, atingir os órgãos do sonâmbulo, causa-lhe, então, extrema perturbação.

O estado de isolamento logo cessa. A vontade do magnetizador pode ajudar; mas enquanto durar, o sonâmbulo só vê e ouve as pessoas e coisas que com ele têm contato, ou seja, que o iluminam com a mesma vida espiritualizada em que atua.[25]

A ação da vontade de um magnetizador sobre a pessoa que ele faz entrar em estado magnético é mais ou menos completada, dependendo de como a vida espiritualiza-

[24] A vida espiritualizada não pode, neste primeiro estado, agir imediatamente sobre a sensibilidade sensual da alma (o que poderia acontecer no estado magnético superior); ela carrega a imagem de objetos nos olhos seguindo o impulso que a vontade lhe dá; a luz comum não é, então, necessária para ver; mas o órgão da visão é indispensável.

[25] Para se relacionar com um sonâmbulo nesse estado de isolamento, é preciso que seu magnetizador magnetize as pessoas ou coisas que ele quer que ele veja ou ouça; à medida que a ação magnética se estende, o sonâmbulo estende o uso de seus sentidos, e as palavras daqueles que se relacionam com ele vêm, gradualmente, atingir seus ouvidos mais distintamente. Além disso, repito, esse estado de isolamento não tem, comumente, uma longa duração; mas pode ser reproduzido no curso de um tratamento magnético.

da com a qual ele o penetrou tiver invadido, em menor ou maior grau, a afetabilidade dos órgãos.

Um magnetizador pode, normalmente, se lhe aprouver, imobilizar os membros de seu sonâmbulo. Ele pode, ainda, com bastante frequência, movimentá-los e dirigi-los à sua vontade; mas seu poder não se limita à ação muscular, ele pode, também, influenciar o órgão dos pensamentos.

A vida espiritualizada, como já disse, é a intermediária da qual a alma se serve para fazer o corpo atuar; ela continua a ser impulsionada pela vontade do emissor após a emissão magnética e por esse meio

pode imprimir, na afetabilidade do órgão do pensamento de seu sonâmbulo, as imagens que ele considera conveniente imprimir. [26]

Essas imagens que o magnetizado vê em seu cérebro (como vemos quando sonhamos) têm para ele toda a realidade que a sensação lhe dá.

Acabei de explicar como um indivíduo no estado magnético pode ver, levado por sua vontade, a imagem de objetos que sua vida espiritualizada ilumina sobre o órgão de sua visão. Essa maneira de ver difere da maneira comum, porque a impressão que a luz comum traça em nossos olhos chega lá por si mesma, enquanto que a impressão levada pela via magnética chega ao órgão apenas pela ação da vontade.

O sonâmbulo, portanto, vê tudo o que está magnetizado; mas se ele quiser examinar da mesma maneira algo que não o esteja, precisará, primeiramente, magnetizar, ou seja, carregar a vida espiritualizada de que dispõe sobre o objeto de que se ocupa. Ele vê não só porque sua vontade traz a imagem aos seus olhos, mas, novamente, porque ela foi procurá-la. É assim que um sonâmbulo vê o interior do corpo daqueles que examina. Este tipo de visão pertence quase inteiramente à alma separada do corpo; nada resta de terrestre, senão a impressão que o órgão da visão continua a receber; também, esta maneira de usar suas faculdades pode levar a alma a ver tudo imaterialmente, ou seja, a separar, às vezes, o uso de sua sensibilidade sensual dos órgãos do corpo para receber, diretamente da vida espiritualizada, a impressão que faz a imagem dos objetos. Um

[26] É assim que algumas pessoas e crianças veem em seus cérebros, principalmente quando fecham os olhos, o espetáculo dos objetos de que sua imaginação se ocupa. Esses quadros não os enganam, porque eles próprios dirigem o pincel que os traça. Experiências infelizes ensinaram às pessoas o quanto é perigoso entregar o órgão de seus pensamentos às impressões que inteligências estranhas podem, dessa forma, causar.

sonâmbulo, então, vê à distância; aliás, as distâncias (dependendo da ideia material que temos) desaparecem para ele;[27] sua vontade, ao concentrar-se em um objeto, ilumina-o e imediatamente transporta a imagem à sua sensibilidade sensual. Ele o vê, portanto, sem a ajuda dos órgãos do corpo, que são muito densos para receber uma impressão tão delicada. Sentimos que os obstáculos que impedem a luz comum não exercem qualquer influência sobre uma luz bem espiritual para atuar, ou melhor, se identificar com os movimentos do pensamento, conservando de físico apenas o que é necessário para iluminar os objetos materiais.[28]

Nossa existência terrena separa o domínio das ações do da sensibilidade sensual, e no estado normal não podemos colocá-los juntos, porque o organismo corporal divide as duas modificações de vida que empregam. O fluido nervoso e a vida espiritualizada se tocam, mas formam, ao mesmo tempo, o ponto de contato e de separação entre a existência física do corpo e os movimentos da alma. Nós nos prendemos à Terra pela sensação, e ao mundo espiritual pelo movimento de nossa alma. A vida magnética enfraquece o vínculo que nos liga aos órgãos, por isso mesmo ela estende o domínio da inteligência.

Não podemos ver o fluido nervoso, porque ele recebe a impressão das imagens e não as faz em si mesmo. Nós também não vemos a vida espiritual, no estado comum, porque ela não entra no domínio da afetabilidade. No estado magnético, ao contrário, um sonâmbulo vê a vida espiritualizada, porque ela faz impressão sobre a afetabilidade dos órgãos que lhe foram abertos; mas quando essa visão lhe é aberta uma vez, pode acontecer que a vida espiritualizada do sonâmbulo siga por si mesmo, e que ele entre, assim, no estado magnético sem qualquer recurso externo.[29] Um magnetizador faz cessar o sonambulismo recordando a vida espiritualizada apenas pela força de sua vontade; porque, nessa operação, os movimentos dos quais fazemos não passam de um acessório que podemos dispensar. A lembrança do estado magnético se perde no retorno à vida cotidiana; mas se você experimentou alguma emoção bastante forte, a contração dos órgãos se prolonga e o deixa

[27] Para o nosso pensamento, cruzar as distâncias não é nada; carregamos tão facilmente um objeto distante quanto aquele que tocamos.
[28] Só vemos o mundo material, porque estamos na vida terrestre.
[29] Eu vi vários exemplos, basta-lhes curvarem-se e virarem-se para entrar num sonambulismo que pode vir a se tornar habitual. Isto pode dar a explicação do estado magnético natural espontâneo, que não é mais do que um desvio do curso ordinário da vida espiritualizada.

com uma inquietação cuja causa lhe permanece desconhecida.[30]

Pode acontecer, quando se magnetiza energicamente alguém que já entrou em sonambulismo, produzir-se um momento de sono que serve de passagem para um novo estado magnético, que chamarei de superior. O sonâmbulo, então, goza de maior amplitude no exercício das suas faculdades; seu modo de ação é o mesmo, mas sua alma concentra mais facilmente o exercício de suas faculdades na vida, separando-o dos órgãos. Este estado de concentração é sempre acidental, não ocorre voluntariamente. Inúmeras circunstâncias imprevistas podem contribuir. É raro e, portanto, quase todos os que se aplicaram com perseverança à prática do magnetismo, viram alguma coisa. Não duvido que tenha sido a fonte de muitos erros que a imaginação levantou sobre concentrações mal vistas ou imperfeitamente produzidas. Há outro estado, que chamarei de exaltação magnética. As circunstâncias que o acompanham são mais propensas a produzir medo do que a despertar curiosidade. Não sei se se pode ir mais além e retornar aos laços da vida comum. Quando, durante uma concentração, um sonâmbulo se abandona demais aos movimentos de sua alma, ele pode imprimir, à vida espiritualizada, um impulso suficientemente enérgico para separá-la, de alguma forma, dos órgãos, ao que eu chamo de exaltação magnética. O corpo fica então sem movimento, a respiração cessa imediatamente, os batimentos do coração não são mais sentidos, os lábios e as gengivas ficam sem cor, e a pele, que a circulação não mais anima, adquire uma tonalidade amarelada. É algo mais que um desfalecimento; e tudo parece anunciar, ao magnetizador, que ele tem apenas um cadáver sob suas mãos. Se ele se confunde, se um retorno a si mesmo suspende seu empenho, se fica sem seu autodomínio, perde os meios necessários para trazer seu sonâmbulo à vida.

Com a aplicação de um enérgico sopro magnético nas narinas e na boca de um sonâmbulo nesse estado, ele retoma, pouco a pouco, o poder da fala; o que, a princípio, é mais difícil quando a secreção dos humores que lubrificam a garganta e a faringe cessam e essas partes ficam extremamente secas.

Na exaltação magnética, o sonâmbulo vê seu corpo

[30] A inteligência, então, se esforça em vão sobre a afetabilidade do cérebro para produzir ali uma memória, isto é, uma renovação das impressões recebidas em um modo de afetabilidade que não existe mais ali.

fora de si próprio, fala dele como se fosse um objeto que se lhe tornou estranho. O temor da morte não só não o toca mais, como agora é com certa repugnância que, cedendo à vontade de seu magnetizador, ele concorda em assumir novamente órgãos que só prejudicam o exercício das suas faculdades.[31]

O retorno da exaltação ao estado magnético superior passa por um momento de sono. É preciso que a vontade do magnetizador, que dá, então, o impulso à vida, seja geral, forte e apoiada sem temor. Se o seu pensamento se afasta de uma parte qualquer e não abrange o organismo todo, pode acontecer que o membro esquecido permaneça paralítico. A aplicação de ouro nas extremidades em circunstância similar é útil, e o frio exterior é quase mortal.

Ao retornar da exaltação ao estado magnético superior, a alma retorna ao seu corpo muito enfraquecido. A privação da circulação nervosa que experimentou, deixa em seu rastro um estado de langor, que por alguns momentos exige muitos cuidados. Assim, apesar de a exaltação me parecer curativa, sempre vi, no seu seguimento, resultados pouco satisfatórios para a saúde; ela enfraquece muito o sonâmbulo e o magnetizador.

Na exaltação magnética, a vida espiritualizada que o movimento da alma acarreta cessa de se comunicar com o fluido nervoso, resultando em fracasso. O mais leve abalo pode, então, causar a morte do sonâmbulo; mas podemos chamá-lo de volta à existência terrena enquanto sua alma estiver retida na vida espiritualizada que ainda vacila, incerta como a chama de uma lâmpada que se apaga.

Devemos o sentimento de nossa existência terrestre às comunicações feitas entre a alma e o corpo. Elas podem ser interrompidas de duas maneiras: porque o movimento da alma absorve toda a vida espiritualizada e, assim, cessa suas comunicações com o fluido nervoso (cujo curso está suspenso por ela mesmo); ou porque a afetabilidade do corpo, encontrando-se fortemente excitada, precipita então todo o fluido nervoso e suspende seu curso por um espasmo momentâneo do órgão do cérebro.

É interessante observar que no retorno da exaltação ao estado magnético superior, perde-se a lembrança, como

[31] O medo da morte é produzido pela sensação que recebemos da destrutibilidade do corpo humano desde que ele se comunica com a alma através do fluido nervoso. Quando essa comunicação mal existe no órgão da voz, o medo da morte desaparece, e como a alma age mais livremente na vida espiritualizada que ainda a retém, do que no corpo, não quer entrar nela. No estado magnético comum, os sonâmbulos temem a morte.

ao voltar do estado superior ao sonambulismo comum, e deste último à vida comum.

Todos esses modos de vida humana em que a alma pode exercer, sucessivamente, suas faculdades, embaraçam mais ou menos sua ação; de maneira que sua memória, a qual ela só utiliza plenamente em si mesma, aumenta progressivamente até a exaltação magnética (que inclui todo o resto) e depois diminui da mesma forma, até o retorno à vida comum. Não vou me deter no exame deste fenômeno, do qual já dei explicação anteriormente, ao falar da memória.

O fluido nervoso forma a comunicação do corpo com a alma, e a vida espiritualizada, da alma com o corpo.

O estado magnético é uma invasão do fluido nervoso na vida espiritualizada; estende, consequentemente, o domínio da alma; mas quanto mais a ação espiritual dela aumenta, mais tende a separá-la dos órgãos em que nossa existência terrestre o liga apenas pelo equilíbrio que ele estabelece entre o império da afetabilidade sobre a sensibilidade sensual, e o do movimento voluntário sobre a afetabilidade.

Esse equilíbrio pode ser destruído em um instante (mesmo no modo de vida normal), quando a inquietação da alma se torna extrema; pois ela pode imprimir um movimento tão impetuoso na vida espiritualizada, que quebra as fontes do organismo onde ultrapassa seus limites.

Sensações repentinas e imprevistas devem ser temidas no estado magnético;[32] elas são muito perigosas nas concentrações, podendo, então, causar epilepsia ou até a morte. É preciso, portanto, evitá-las cuidadosamente, e ficar longe de ruídos repentinos ou flashes de luz como os produzidos pelos raios.

Nosso corpo atua pelo impulso que nossa vontade dá à vida que o põe em movimento. Portanto, não devemos nos surpreender com o poder que um magnetizador exerce sobre o sonâmbulo, apenas com a força de sua vontade. Quanto a este, sua vontade não está acorrentada; e mes-

[32] Uma sensação viva que um sonâmbulo experimenta inesperadamente, absorve subitamente a ação de sua alma na impressão que o fluido nervoso lhe comunica: o choque que dele recebe sua vida espiritualizada, subitamente o retira do domínio da afetividade e, portanto, provoca a cessação do estado magnético. O contrário acontece quando algum acidente ou dor intensa ocorre a um sonâmbulo reconduzido ao modo ordinário de existência; pois a perturbação que então experimenta sua circulação nervosa abre-o à afetividade em sua vida espiritualizada e reproduz o estado magnético ao qual ele não retorna subitamente, mas por um momento de privação de sentimento que serve de passagem.

mo, normalmente, ele obedece aos seus movimentos só porque quer, embora possa ser imobilizado a despeito de sua vontade.[33]

Um sonâmbulo pode, por sua vez, atuar sobre o seu magnetizador; ele tem menos força, mas mais discernimento; e a clarividência de que dispõe lhe dá grande superioridade no emprego de seus meios.

A mentira não é natural no homem. Só o nosso interesse nos ensina a mentir. Um sonâmbulo iniciante raramente disfarça a verdade; antes disso, é preciso que ele tenha tomado posse da existência magnética e que tenha apreciado as suas relações; mas com o tempo, pode acontecer que ele minta com tanto mais habilidade quanto mais luz ele tiver para guiá-lo. {?}

Seria um estranho erro nos convencermos de que todo indivíduo, no estado magnético, tem os conhecimentos necessários para ser um bom médico, e de que de um ser caprichoso e inconsistente o sonambulismo vá rapidamente fazer um personagem judicioso e sensato. O caráter permanece comumente o mesmo, embora a inteligência tenha adquirido novos meios para se desenvolver.

Parece que basta dizer que o magnetismo é a vida para nos fazer sentir; e que, empregado com sabedoria, deve ser útil em todas as doenças. Ele pode, de fato, recordar as portas da morte e, às vezes, operar prodígios; mas não dispensa o uso de remédios comuns, e vemos, com demasiada frequência, os seus esforços fracassarem como os da medicina. Quanto àquele que magnetiza, corre grande perigo ao exagerar, pois malbarateia a sua existência e inocula-se essencialmente todas as doenças transmissíveis, de maneira que, se a atividade da sua vida não conservar energia suficiente para afastá-las, em breve partilhará o destino do seu paciente.

A paz de alma, uma vontade afetuosa e sensível são um tanto mais necessárias na magnetização, porque todas as agitações de seu sonâmbulo ressoam em sua própria vida e, se você não as acalmar, logo o perturbarão.

O egoísmo concentra a vida longe de estarmos dispostos a partilhá-la e, certamente, é preciso experimentar o amor do seu semelhante para magnetizá-lo utilmente. No entanto, não se deve esconder que, uma vez esclarecido sobre essa faculdade, o homem pode dirigir o seu uso de

[33] A matéria é imóvel por sua natureza, e o corpo humano permanece por si mesmo em repouso; pelo contrário, é preciso um esforço para colocá-lo em movimento.

acordo com a sua boa ou má vontade. Sob o aspecto dos costumes, o magnetismo pode ter grandes inconvenientes. Sabemos que todas as aproximações frequentes entre dois sexos são perigosas, e esta é mais perigosa do que qualquer outra.

Neste livro de memórias, dei a conhecer as várias modificações que o organismo humano faz experimentar à vida. Vimos como, em minha opinião, se formam, entre a alma e o corpo, as comunicações recíprocas que compõem a nossa existência terrestre. Acredito ter extraído da própria natureza as explicações que dei de todos os fenômenos que o magnetismo ofereceu às minhas meditações. Não sei o que outros possam ter visto; sem dúvida, suas observações permitem-lhes lançar uma nova luz sobre uma matéria em que não buscamos nada além da verdade.

É especialmente no exame dos magnetizadores que proponho o sistema que acabei de expor. O pequeno alcance de uma obra como uma memória obrigou-me a dizer apenas que o que me pareceu indispensável; a experiência dos meus leitores suprirá o que expus. Terminarei por relembrá-los de minhas palavras iniciais: que, no sistema que iria lhes apresentar, apesar do meu tom afirmativo, eu não garantiria mais do que a minha própria convicção. Cabe-lhes reconhecer a verdade, se eu a tiver demonstrado, e a retificar meus erros, se me enganei.

ESBOÇO DA NATUREZA HUMANA
foi confeccionado em impressão digital, em setembro de 2022
Conhecimento Editorial Ltda
(19) 3451-5440 — conhecimento@edconhecimento.com.br
Impresso em Ivore Cold 75g. – Bo Paper